父母的天职

回归教育本质，完善孩子人格建构

胡萍 ◎ 著

北京理工大学出版社
BEIJING INSTITUTE OF TECHNOLOGY PRESS

版权专有 侵权必究

图书在版编目（CIP）数据

父母的天职. 回归教育本质，完善孩子人格建构 / 胡萍著. —北京：北京理工大学出版社，2018.5

ISBN 978-7-5682-5097-9

Ⅰ.①父… Ⅱ.①胡… Ⅲ.①家庭教育—儿童教育 Ⅳ.①G781

中国版本图书馆CIP数据核字（2018）第004041号

出版发行 /	北京理工大学出版社有限责任公司
社　　址 /	北京市海淀区中关村南大街5号
邮　　编 /	100081
电　　话 /	（010）68914775（总编室）
	（010）82562903（教材售后服务热线）
	（010）68948351（其他图书服务热线）
网　　址 /	http://www.bitpress.com.cn
经　　销 /	全国各地新华书店
印　　刷 /	三河市京兰印务有限公司
开　　本 /	710毫米×1000毫米　1/16
印　　张 /	15
字　　数 /	209千字
版　　次 /	2018年5月第1版　2018年5月第1次印刷
定　　价 /	39.80元

责任编辑 /	李慧智
文案编辑 /	李慧智
责任校对 /	周瑞红
责任印制 /	边心超

图书出现印装质量问题，请拨打售后服务热线，本社负责调换

推荐序

向天下父母和教师推荐这本书

我与胡萍只在深圳见过一面，却一聊就是三四个小时，因为她对儿童性教育的探究吸引了我。一般人谈性教育往往仅限于观念方面，而她既有科学的理念又有具体的方法。也许，这与她受过医科大学儿科的专业训练和从医的实践有关，更得益于她长期对儿童性教育执着的调查研究。

我们自然聊到各自的孩子。说实话，任何人养育孩子都是一种历险，儿童研究者也不例外。

说起儿子，胡萍容光焕发，因为她儿子刚刚被剑桥大学生物系录取，作为陪读的母亲有充分的理由骄傲。但是，最让我好奇的不是剑桥，而是她儿子经常不完成老师的作业，总是用各种各样的实验成果代替。在去剑桥大学面试的时候，她儿子除了生物研究报告，居然带去自己做西餐的图片集，并且因此受到剑桥教授的青睐。

各位读者朋友想一想：一个不完成作业却着迷于各种实验和做西餐的孩子，如何面对高考？而又是如何折磨父母那颗万般担忧的心？所以，当胡萍流露要写一本关于自己如何教育孩子的书时，我自告奋勇愿意作序推荐。

待我看到胡萍的书稿，却因其过人的勇气与坦诚而备受震撼。

我没想到，胡萍会把养育儿子的详细过程，包括许多隐私和盘托出。每一个成长的点滴，都包含着她的努力发现和思考。读她的书既可以作为育儿的详细个案，也可以作为如何应对成长难题的具体参照。也许，她想借鉴教育家陈鹤琴的方法，以自己的孩子为个案，探索儿童的身心发展特点和成长规律。

我没想到，胡萍会对自己的教育过失有那么多细节的展示和反思。今天，多少人在粉饰自己的经历？当孩子考入名校，似乎父母过去的无知也变成真理。如果不是胡萍自己所述，我们无法想象，她会与孩子发生那么多冲突，并且是儿子的激情表白让她惊醒，从而发现自己的焦虑和扭曲。

我没想到，胡萍会对当今的教育有那么多批判，如鲁迅所描绘的那样，她用一个母亲的肩膀，为幼小的儿子扛住黑暗的闸门。她不轻信，即使对被视为经典的蒙台梭利教育和华德福教育在中国的流行，也有着深深的质疑。

在我读过的各类家庭教育著作中，如此真实和犀利，如此个性和坦率的不多见，胡萍以虔诚之心，为读者端上了自己的私房菜。

尽管不够完美，胡萍的这本书已经是难得的佳作，其最重要的价值或许可以概括为以下四个方面：

一、把孩子的健康发展放在第一位

心理学的常识告诉我们，孩子在12岁之前，能否和父母建立亲密的依恋情感，对其一生的安全感和幸福感至关重要。因此，孩子越小越需要父母的陪伴。胡萍的非常之举是一直陪伴儿子到高中毕业。为了儿子的发展，她甚至抛家舍业，只身带儿子去成都和深圳求学。离开成都某学校时，胡萍既失去了工作和收入，又失去了住房，这需要多么大的勇气。

我并不赞成夫妻分离，而主张夫妻关系第一，亲子关系第二，因为夫妻关系对孩子影响极为深远。胡萍的特殊性在于，她在良好夫妻关系的前提下，剑走偏锋，助子成才。

当然，胡萍的有些做法不可复制，也不宜学习。她值得学习的是充分尽到母亲的天职，把孩子的健康发展放在第一位。

二、不打扰孩子，培养兴趣与专注

许多父母一边经常以喝水或吃水果等事由打扰正在做事的孩子，一边抱怨孩子做事情不专心，这不是自相矛盾吗？而当胡萍发现1岁多的儿子迷上玩手电筒，甚至能玩一个多小时时，她从不去干扰孩子。她知道专心致志做事才能培养孩子的专注力。

与许多父母信奉"只要把学习搞好了，别的什么都不要管"不同，胡萍格外珍惜孩子的兴趣发展。当孩子逐渐长大，迷上做西餐，尽管课业紧张，胡萍还是给孩子提供所需的厨具和食材。直到高考前，孩子依然兴致勃勃探究各种各样的西餐技艺，并且用心琢磨和实践。胡萍明白：孩子需要学习，更需要生活。

三、划清界限，培育孩子的健康人格

我赞同韩国教授文龙鳞的一个重要观点，即10岁之前要教会孩子做人，特别是能明辨是非。可是，在目前的教育环境里，引导孩子明辨是非并非易事。比如，孔融让梨值得提倡吗？当孩子的玩具被小朋友抢走该忍气吞声吗？对于诸如此类的现实矛盾，胡萍都没有回避，而是深入思考，形成自己的价值观，并且引导孩子分清是非。

她努力把孩子培养成为一个尊重自己也尊重他人的现代人，拥有爱心和责任感。比如，当儿子在剑桥大学幸运地遇见坐在轮椅上的科学大师霍金，有人问他为什么不抓住这个难得的机遇与霍金合影留念，他摇摇头说，随便打扰大师是不礼貌的。

四、不怕碰撞，与孩子一起成长

如果某些读者以为，胡萍既然如此投入教育孩子，一定是脾气温和一切顺着孩子，其实不然。胡萍也会着急上火，也会委屈得大哭，甚至在盛怒之下，把儿子做好的大虾扔进垃圾桶。但是，即使在险些失去理智的情况下，她都会仔细听儿子的话。如果发觉孩子有理而自己无理，她会静默会道歉，甚至会请求儿子的一个拥抱。

对于胡萍，我是先读其书后见其人。但是，完全出乎我的意料，胡萍写书做研究居然是儿子在背后督促，因为儿子希望母亲有自己的追求与事业，并且以自己的自理和独立让母亲放心。于是，我们见到了学业有成的孩子，也见到了著述甚丰的母亲。多年前我们在研究中提出，21世纪是两代人相互学习共同成长的世纪。如今我可以说，胡萍母子就是共同成长的楷模。

基于以上理由，我愿意向天下父母与教师推荐胡萍的这本书，不是因为她的孩子考上剑桥大学，而是因为她有着教育每一个孩子都需要的爱心、责任与智慧。

中国青少年研究中心研究员
国务院妇儿工委儿童工作智库专家
中国教育学会家庭教育专业委员会常务副理事长
孙云晓

前 言

父母的天职是什么

每一个人来到这个世界，生命中都被上天赋予了职责，我们就把上天赋予的职责叫作天职吧！曾经，我们是父母的孩子，孩子的天职是让自己健康成长，实现自己生命的价值；现在，我们的身份中增加了父母的角色，当孩子叫我们"爸爸""妈妈"的时候，我们是否想过这个称呼中包含着的天职是什么？

在养育根儿的二十多年里，我一直在思考这个问题。伴随着根儿的成长，伴随着我在教育领域里接触到更多的父母和孩子，这个问题的答案渐渐在我的内心清晰起来，成为我研究教育的根基思想。

父母的天职是要懂得孩子的身体发育规律，保证孩子的身体健康成长。由此，当我为根儿中学期间作业压力非常大而焦虑的时候，根儿告诉我，他和另外三个同学分工合作做每天的作业，当然是不能够让老师发现的。此时，我认为他有意识保证自己每天晚上十一点左右能够睡觉，这是他对自己健康的保护，我支持他。

父母的天职是要懂得孩子的身心发展规律，保证孩子心理和认知健康发展。根儿在很小的时候，每天要开关电灯无数次，有时候会连续开关电灯一小时。我知道那是根儿在探索开关和灯的关系，探索他的手指按压开关与灯泡发亮的关系，我会一直抱着他，站在开关前，任由他探索。

父母的天职是要帮助孩子建构对这个世界的安全感，让孩子在充满爱、尊重、信任和帮助的环境中长大。当根儿很小的时候，我不懂得依恋关系对孩子安全感的重要性，在根儿断奶后我就把他留在成都，自己回到昆明上班。当我现在知道自己当初因为无知犯下这个错误时，悔之晚矣。

父母的天职是要发现和保护孩子的天赋，让孩子的天赋拥有自由生长的空间。根儿对厨艺有着天生的热爱和激情，我们积极满足他的愿望，给予他充分的物质支持和精神鼓励。在学业紧张的中学时代，他可以用一整天来研究面包的烤制，也可以用一整天来研究高汤的制作，还可以用一整天来烤牛排。我希望他因为厨艺对生活充满热情，因为厨艺发现自己。

父母的天职是要帮助孩子建构生存的勇气和智慧。根儿在经历剑桥的数次考试中，每当遇到困境时，我们都允许他表达自己的痛苦和压力，也允许他做出自己的选择，同时也鼓励他不要轻易地放弃自己的梦想。我知道，一旦他坚持后获得成功，他就能品尝到坚持和忍耐带来的快乐和幸福，这是我们面对生活最根本的勇气和智慧。

父母的天职是要与孩子一起成长。我们第一次做父母，不懂孩子，不懂养育，甚至不懂自己。在养育根儿的过程中，我们犯下了许多错误。这些错误为根儿的生命留下了阴影，导致了根儿的成长缺陷，虽然根儿已经长大，我仍然能够看到根儿的成长缺陷给他后来的发展带来的影响，然而我却已经无能为力。此时，我也理解了，为什么我们每一个人的生命中都有成长缺陷，而这些成长缺陷成为阻碍我们获得幸福感、获得成就感、获得尊严感的绊脚石，突然明白这个世界没有完美的妈妈和爸爸。由此，我学会了宽容、理解、接纳、尊重，这是我养育孩子获得的最大成长。

父母的天职是什么？如果要细细数来，还有好多好多。总之，父母的天职是爱孩子。这份爱，是理性与感性的结合，是能够重塑孩子生命和灵魂的能量，是帮助孩子实现生命价值的智慧，是父母重新发现自己生命状态的反光镜。这份爱，让孩子的生命根植其中，让父母的生命根植其中，然后，孩子和父母的生命之花都能够得到完美绽放！

根儿2012年就读剑桥大学耶稣学院，现在，根儿已经硕士毕业。在剑桥大学四年的学习过程中，他不仅仅完成了自己的学业，也有对自己生命的思考——我到底要成为一个怎样的人？带着这样的思考进入了社会，我相信，他能够成为他想成为的人！

记得在做了妈妈之后，我一直有一个心愿：在根儿上大学的那一天，我要把一本记录他成长的日记本，作为他成年的礼物送给他，让他保留自己成长的经历和我们对他的爱。后来，博客日记变成了与博友们交流孩子成长的地方，在记录根儿成长的同时，我也在反思自己的教育观念和方法，反思整个中国的教育和传统。于是，"日记本"里不仅仅只有根儿独自的成长经历，还有我与博友们思想的交汇，这些经历和思想成就了《父母的天职》系列书籍。这套书是我们与根儿二十年共同成长的纪念，也是我们二十年共同成长的经验与教训的分享!

　　希望这套书能够给读者带来一些思考,在教育孩子的道路上,我们懂得了父母的天职,成就的不仅仅是孩子,更是我们自己!最后,希望这套书能够帮助到更多的家庭!

胡　萍

目录 Contents

1 教育的本质
- 什么是"教" ‖ 003
- 什么是"育" ‖ 005
- "教"与"育"的关系——相辅相成 ‖ 007
- 教育中的"道"与"术" ‖ 009
- 如何发现教育之"道" ‖ 011
- 如何练就教育之"术" ‖ 018

2 人格品质的培育
- 如何建构孩子的人格品质 ‖ 025
- 诚实 ‖ 030
- 尊严 ‖ 039
- 勇气 ‖ 042
- 责任 ‖ 046
- 规则 ‖ 053
- 独立 ‖ 063
- 友情 ‖ 067
- 认真 ‖ 071
- 理性 ‖ 076
- 为他人服务 ‖ 078

界限与孝道　　　‖ 082
金钱观　　　　　‖ 086
接纳自己　　　　‖ 091

3 道德品质建构需要尊重人性

什么是道德　　　　　　　　　　‖ 101
道德品质的建构需要遵循道德发展规律　‖ 102
什么是"伪道德"　　　　　　　　‖ 107
规则是建构道德品质的必经之路　　　‖ 109
让道德教育回归人性的本质　　　　‖ 111
反思"道德楷模"　　　　　　　　‖ 118
孩子生命发展的契机和权益　　　　‖ 121

4 学校教育对孩子人格的影响

让语文教学回归孩子的人格建构　　　‖ 127
完善的教学与管理体系有助于孩子的未来发展　‖ 141
见证孩子成长的仪式　　　　　　　‖ 149

5 从考试中抓住教育的机会

孩子童年的经历弥足珍贵　　　　　‖ 159
考试给孩子带来的成长契机　　　　‖ 162
参加社会实践活动是申请剑桥大学的关键　‖ 169
参加剑桥大学的面试　　　　　　　‖ 171
剑桥大学的橄榄枝　　　　　　　　‖ 177
近二十年的养育终于梦想成真　　　‖ 182

6 兴趣给孩子带来的成长

从小保护根儿对厨艺的热情	‖ 187
厨艺与根儿科学精神的建构	‖ 191
怎样将物质满足升华为精神享受	‖ 195
厨艺与根儿人际交往能力的发展	‖ 197
厨艺与根儿社会活动能力的发展	‖ 206
厨艺带给根儿的梦想	‖ 214
厨艺成为根儿调节生活的方式	‖ 218
父母不可以功利地对待孩子的兴趣	‖ 220
父母如何为孩子的天赋效力	‖ 223

致谢 ‖ 225

Chapter 1
教育的本质

教育的最高境界是"天人合一"。"天"即为上天赋予孩子的生命发展节律和特质,"人"即为教育者引领孩子的智慧和艺术。我对"天人合一"的理解为:上天赐予孩子的天赋,在教育者的引领下健康发展,竭尽其用;个体实现生命价值的同时,造福人类。

什么是"教"

在个体的幼年时期,更多呈现了人的动物性一面,其意识与行为更多地表现为人的自然生物性,比如,随地大小便、不能够控制情绪、不会爱护环境等。随着个体的成长,需要进行社会化学习,即懂得社会道德,遵守社会规则,学习在社会中生存的技能等,让孩子从自然人成长为社会人。

个体的社会化过程与生物性本质将发生碰撞,这个过程中,个体需要得到成人的引领,这样的引领便是"教"。"教"是成人对孩子的引领,成人为主体,对被引领者"输入"观念和技能,要求被引领者达到目标。

孩子在幼年时,不懂得要保持个人卫生,成人需要引导孩子学习保持个人卫生的技能。在这个过程中,孩子可能会出现反抗的行为。比如,根儿出生后,他洗头的方式都是由我抱着,他面朝上,另一个人在他头部的一端帮助他洗头,这样的方式不会让水流经面部。3岁时,我们教他在浴室里喷淋着洗头,水会流经面部,根儿非常害怕水进入眼睛,自我保护的本能让他反抗这样的洗头方式。此时,我坚持让根儿学习未来他必须要使用的洗头方式。根儿4岁的时候,他学会了独立洗头洗澡,同时我还要求他每次洗完澡后必须把内裤洗干净,出卫生间后要把内裤晾晒到衣架上,才能够去睡觉。根儿从4岁起便开始执行这一过程,现在,这个行为已经成为根儿的生活习惯。

在这个过程中,我对根儿的引领有以下几个方面:脱离原始的蒙昧,对身体的清洁保持一定的要求,符合社会人群的清洁标准。学习自己清洁身体的技能、自己清洗内裤的技能，并养成保持身体清洁的习惯，保持身体的清洁是被社会群体接纳的需要。根儿出生后，从我们帮助他洗头洗澡，到逐渐教会他独立清洁身体，这是帮助根儿在个人卫生方面达成社会要求的过程，是对根儿个人卫生社会化的引领。

在孩子长大成人的过程中，成人需要教育孩子遵守社会道德规范，教给他们在社会中生存的知识和技能等，这些道德规范、知识、技能等，不是孩子生来就具备的，而是成人为孩子的生命注入的。在"教"的行为中，成人是主导者，孩子是被动接受者。

什么是"育"

养育者按照大自然赋予孩子生命发展的自然规律和特质,帮助孩子完成大自然植入孩子生命的各项内在官能,让孩子按照生命内在自然规律成长,这就是"育"。如果将大自然植入孩子生命的每一项官能比喻为"胚芽",那么,这些"胚芽"被基因"定制"在了孩子生命中,养育者要对孩子生命中的"胚芽""浇水、施肥",将孩子生命中的这些"胚芽"慢慢地培育长大。

"育"的主体是孩子,养育者是相对被动的地位。孩子的发展行为对养育者起到了无形引领的作用,引领养育者需要从孩子的发展行为中,发现孩子生命中固有的"胚芽"及"胚芽"所需的"养分";然后,慢慢培育孩子生命中的"胚芽",帮助孩子完善生命的发展。在这个过程中,孩子引领着养育者。

我们用孩子行走能力的发展过程来说明。在孩子出生后,需要经历2个月抬头,4个月翻身,6个月会坐,8个月会站,一岁行走这样一个过程,这个发展过程被大自然植入了人类的基因中。行走机能发展是人类生命中固有的一株"幼芽",只要是人类的孩子,行走能力发展就必须要经历这个过程,无一例外。

作为养育者来说,如何来培育孩子生命中行走能力这株"幼芽"呢?孩子在2个月大的时候,养育者要尽力配合孩子抬头的动作,不可以阻挠孩子;

4个月的时候,养育者要给孩子翻身动作的自由发展;8个月的时候,养育者要满足孩子站立的需要;一岁大的时候,养育者要跟随孩子学步的热情……如此,当孩子启动了生命中固有的行走能力发展程序后,按照其自然发展规律,在成人的帮助和支持下得以顺利发展,这就是"育"的过程。

在孩子的生命中,有很多生命内在发展的"幼芽"会启动发展程序,按照大自然赋予的程序进行发展,养育者需要读懂孩子的发展行为;读懂这些行为背后的生理、心理及人格发展密码,才能够帮助孩子完成生命的完整发展。在《父母的天职:让孩子的天赋自由生长》这本书里,我的育儿故事更多地解释了"育",如果读者有兴趣,可以参阅这本书。

"教"与"育"的关系——相辅相成

孩子在成长中,既要按照自己的生命自然发展规律成长——从一个原始生命体逐渐完成生命的各项内在发展任务,还要学习社会规范——从一个自然人成长为一个社会人,这是人类在成长中需要完成的双重任务。在个体完成这个双重任务过程中,既要被"育",还要被"教",这样才能够使其生命得以完整发展,适应社会生存法则。由此,"教"和"育"是一种相辅相成的关系。

"教"和"育"之间的相辅相成可以理解为:在"育"中蕴含着"教"机,而"教"则应以"育"为根基。

在"育"中蕴含着"教"机,是指当孩子按照生命自然发展规律进行发展时,蕴含着成人对孩子的教育机会,也就是我所说的"教机"。

比如,在孩子行走能力发展的过程中,当成人懂得孩子的行走发展规律后,按照孩子行走发展的节律帮助孩子完成行走发展在各个阶段的任务,这是"育"的行为。同时,在孩子行走阶段的发展中,成人还要教孩子学会判断行走中遇到的危险,启动安全保护行为。比如下楼梯要顺着台阶走,不能够一步跨越多个台阶,这会导致伤害自己的后果;如果下楼梯时走不稳,可以扶着扶手慢慢走……孩子在行走能力发展的同时,还学会了保护自己的技能。"教"和"育"的相辅相成,成就了孩子的安全行走意识和能力。

"教"以"育"为根基，是指引导者在对孩子进行引领时，要在遵循孩子生命发展的自然规律上进行。

比如，成人要教导孩子走路的安全行为，一定要在孩子行走能力的自然发展过程中进行。当孩子刚出生的时候，孩子的行走能力还未发展到已经学步的程度，这个时候成人不需要对孩子进行行走的安全教育；等孩子一岁左右，已经开步行走了，这个时候我们才可以教导孩子行走需要注意的安全行为。这就是在尊重孩子行走发展规律上进行了行走安全教育的做法，将行走的"育"作为了"教"的基础。如果父母不遵循孩子行走发展的自然规律，在孩子才4个月大的时候就开始训练孩子的行走，并教导孩子行走安全的知识，这是不符合孩子行走发展规律的做法。这样的"教"，就没有在"育"的基础上进行，是对"育"的破坏。

在孩子生命的成长中，涉及了语言的发展、运动能力发展、思维发展、性的发展，等等，每一项的发展都需要成人的引领。成人在对孩子进行引领时，一定要将孩子的成长规律作为引领的基础和前提，这样的引领才是对生命自然发展规律的敬畏和尊重。以"育"为根基的"教"，才是符合人性的教育，才能够成全孩子生命的完整发展。

教育中的"道"与"术"

"道"是指万事万物的运行规律,即大自然的规律,而且这些规律被研究者们证明是科学的。在教育的范畴里,教育之"道"包含了两个层面的意思,第一个层面是大自然植入人类个体生命发展的规律,这些规律是被儿童发展研究者们研究证实的,比如,我们前面讲到的行走发展规律,就是已经被研究者研究证实的;第二个层面是教育者需要按照受教育者的身心发展规律,引领受教育者。

"术"是指原则和方法。在教育的范畴里,教育之"术"是教育者引领受教育者的原则和方法。

教育之"道"与教育之"术"的关系是怎样的呢?当教育者对受教育者采用的教育原则和方法(术)遵循于受教育者身心发展的规律(道),即"术"生于"道"之上,"术"就不会偏离"道"——尊重生命发展规律,此时,教育的方法就能够帮助到受教育者。

如果教育者的方法违背受教育者的身心发展规律,教育者的方法就会破坏受教育者的身心发展,导致受教育者身心健康出现问题。我用自己养育根儿的教训来说明这个道理,虽然我毕业于重庆医科大学儿科系,做过多年的儿科医生,但我却对儿童正常身心的发展认知不足,错误的教育给根儿的成长造成了伤害。

根儿出生后,由我和我的父母一起照顾,我们三位都是医生,出于医生的本能,我们将根儿的卫生置于很重要的地位,常常要求他保持手的干净,不可以摸脏东西,更不能够在地上爬,完全忽略了他生命中运动发展的需求。在根儿8个月左右的时候,他开始在地板上爬,被我们阻止了;根儿一直没有得到爬的机会,凡是有一点危险的运动,我们都会阻止他。这让他失去了通过摸爬滚打完成运动能力发展的机会,导致了根儿在平衡功能、运动技巧、运动中的感觉统合、自我保护能力、勇气和信心方面都遭受到挫折。

我们错误的教育行为导致的后果是根儿走路比同龄人晚了近一年的时间。在他练习走路时,头会经常碰到门框和家具上,路上稍有一点不平就摔倒……摔倒的时候,为了保持手的干净,不会用手着地来保护自己,而是高举着双手跌下去,让头和脸着地。根儿长大后,运动协调能力依然比同龄人低,比如,同龄孩子学自行车只需要一周,根儿需要一个月。在这个例子中,因为我不懂得根儿运动发展的"道",采用了违背根儿运动发展的"术",直接破坏了根儿运动协调能力的发展。尽管后来我们采用多种方法弥补,比如带根儿游泳、学习跆拳道、打乒乓球,但根儿的运动协调能力依然不足。

如果我当初懂得孩子的运动发展之"道",为他的摸爬滚打提供充分的条件,并保护好他的安全,我的教育之"术"就是立足于"道"之上,这样的教育之"术"才能够帮助到根儿完成运动的发展,而我所采用的"术"也是符合教育之"道"。我的育儿教训说明了教育中"道"与"术"的关系:当教育之"术"生长于教育之"道","术"便能够促成"道"的完善与发展,否则,将破坏"道"。

如何发现教育之"道"

学习孩子生命发展的规律

曾经有家长问我:"我们都不是教育专家,怎么能够懂得儿童发展的规律呢?我们都不知道规律是什么,又怎么可能按照规律去帮助孩子成长呢?"这的确是一个现实的问题。

在我们的成长经历中,父辈们没有用遵循过儿童成长规律的行为来养育我们;父辈们在成长过程中,他们的父辈也未用尊重儿童身心发展规律的行为养育他们……在我们的文化中,遵循儿童身心发展规律的养育文化一直是缺失的,没有一代一代地传承给我们,所以,我们也不知道如何来遵循儿童发展规律养育下一代。

在我国,传统的教育家和教育工作者们进行了大量的教育研究,但对于遵循儿童身心健康发展进行的教育行为却缺少研究,更缺乏推广,很多的教育理念和行为没有涉及孩子生命发展规律。加之我国心理学研究和推广也是近二十多年才开始,对儿童心理发展与教育结合的研究更是落后,我们的教育一直处于与儿童身心发展脱节的状态。

直到二十多年前,由孙瑞雪老师将蒙台梭利教育理念引入了中国,我们才懂得了孩子生命发展中所经历的"敏感期"。这些"敏感期"按照孩子生长规律陆续呈现在孩子的行为中,让我们看得见摸得着。由此,开启了国人对孩子生命发展规律与教育理论结合的研究和实践,这是国人对于教育之

"道"和教育之"术"相结合的第一次体验；这种体验改变了人们对教育的根本认知，影响了后来的一代一代年轻父母。二十多年过去了，随着"按照生命发展规律养育孩子"的观念越来越深入人心，这样的影响还会持续下去。

现在，人们要想学习教育之"道"，可以有很多途径：

第一，阅读相关书籍

现在，有很多关于儿童心理行为发展的书籍出现。这些书籍将儿童心理行为发展与教育相结合，让读者系统地学习儿童与青少年的身心发展规律，读懂孩子的发展行为，同时为读者提供帮助孩子成长的方法。人们可以通过阅读这些书籍获得教育之"道"。

很多家长在面对海量家教类书籍时，不知道如何选择，在此为家长们提点建议，在选择书籍的时候，尽量不要选择"编著"类的书籍，这类书籍多为东拼西凑而成，拼凑书籍内容的这位"作者"对书中涉及的内容缺乏研究的基础；另外，作者的研究背景决定了书中内容的品质，选择书籍时要参考作者的研究经历或者养育孩子的经历。如果作者对该领域有研究经历和成果，那么，书中的内容是可信任的；如果作者的孩子才两岁，却在书里大谈青春期孩子的教育方法，而作者的经历中缺失了对青春期孩子的研究经历，那么，这样的书籍内容对读者来说缺少参考价值，甚至可能误导读者。

第二，听讲座或课程

越来越多的年轻父母开始主动学习教育的理论和方法，他们参加各种家庭教育培训和各类自我成长课程，在养育孩子的同时发现自己生命的成长缺陷，希望通过学习让自己重新经历成长，让自己成为一个懂得教育的好父母。

面对日益兴起的各类家庭教育讲座，面对微课和网课满天飞的现状，家长们该如何选择呢？在家庭教育课程类别中，我大致将其分为四大类：

第一类是打鸡血课程，也叫洗脑课程。在讲课者鼓噪的语言中，感受到自己即将变成一位合格父母，听课时无比激动，回到家却不知道如何行动，这就是这类课程的特征。这类课程适合刚接触到家庭教育的父母，他们有做好父母的想法和冲动，这样的课程可以给他们带来思想冲击。

第二类是学习教育之"道"的课程。这类课程是让父母学习孩子的发展规律，而这些规律是经过科学研究证实的，不是某个人一拍脑袋想出来的。比如，蒙台梭利提出的儿童发展阶段理论，是经过科学研究证实的理论；而华德福教育使用的儿童发展理论，是当年史丹纳提出来却没有经过科学研究证实的理论。面对各种教育理论，父母们需要了解其产生过程和发展过程，保持独立思考和质疑的精神，才能够学到科学正确的教育之"道"。

第三类是学习教育方法的课程。这类课程主要是教给父母如何处理孩子的具体问题，对孩子的发展规律基本不提，父母很难将发展规律与教育方法结合起来进行思考和学习。也就是说，这类课程只教了父母"术"，父母不了解这个"术"是否顺应相应的"道"；于是，回到家里使用"术"的时候，就会把"术"用歪了。如何管教孩子之类的课程，就属于这一类。

第四类是误导型课程。讲授这类课程的人本身教育理念落后，不具备遵循儿童生命发展规律的教育观，一味迎合家长错误的心理需求。比如这样一些微课："如何让孩子听话""如何让孩子愿意接受更多的作业""十句话教好你的孩子""十个方法让你的孩子成为天才"等。"如何让孩子听话"这类微课，违背了"育"的根本；"如何让孩子愿意接受更多的作业"迎合了父母的期待，而违背了孩子生长发育的需要；"十句话教好你的孩子""十个教育方式让你的孩子成为天才"迎合了父母对孩子教育急功近利的心理。所以，这些课程给父母带来的是误导，而不是成长。

好的课程是"道"与"术"的结合，通俗易懂地传递给受众教育的科学理念和正确方法。父母在通往学习育儿的路上，要学习儿童生命发展的科学知识，保持对教育的独立思考能力。科学知识能够让人明辨教育的是与非，知识的力量能够让人不随波逐流，人云亦云。

第三，跟随老师学习

父母可以选择跟随某位老师学习教育，但需要了解所选择的这位老师的教育理念和人格品质是否与自己的价值观一致，同时还需要了解这位老师自己的育儿经历。寻找到一位知行合一的老师，才能够给予您真正的帮助。

曾经，我遇见过这样一位讲课者，她讲课的内容是如何正面地管教孩子，不惩罚孩子，不骄纵孩子；然而，她对自己孩子的管教却不是她所讲的那样。她的儿子正处于青春早期身体发育阶段，喜欢吃肉，不喜欢吃青菜，非常讨厌吃辣。但她希望儿子能够吃青菜，于是，她的处理方式是把肉菜放很多辣椒，让儿子无法吃，只做一个不放辣椒的青菜。她以为，这样一来，儿子别无选择，不得不吃蔬菜。然而，现实是，她的儿子以绝食来抗争。这位讲课者采取的方式是变相惩罚孩子对食物的选择，完全背离了她所讲的教育理论。

我还见过一位老师，她经常开课给父母们讲家庭环境的美化。她的孩子4岁多，她认为家庭环境的整洁和美丽是培养孩子审美品质的重要环节。有一次我去她的家里，想象着她的家应该装饰得很美，我要好好学习一下家庭环境的美化。到了她的家，进门的一瞬间我以为走错了房间。当她领着我进入家里后，沙发一片狼藉，无法下坐；餐桌上堆放着未洗的脏盘子和碗筷，地上到处是孩子乱扔的玩具，卫生间比公共卫生间还要脏乱……这个家别说美了，连整洁都谈不上。我在心里反复问自己："她为什么讲的和做的不一样？"我忍不住问她："你家里怎么没有按照你的理论来整洁美化呢？"她回答："我太忙了，没有时间啊！""你每天回到这样脏乱的家里，舒服吗？你的孩子和先生舒服吗？""他们习惯了。""他们是习惯了，还是放弃了想要舒适环境的想法？"我一直认为，作为母亲和妻子，为家人营造一个整洁的家,让家人舒服,是母亲和妻子应尽的责任,如果实在没有时间,可以请钟点工帮忙。对于这个女人来说,她已缺少了让家里整洁的愿望。可是,如果自己都做不到把家里弄得整洁舒适漂亮,怎么能够去对他人讲"家庭环境对孩子成长的影响"呢?

总而言之,在学习的过程中,无论是阅读书籍、听讲座,还是跟随老师学习,父母都需要明白,没有正确的教育理念就不会有正确教育的方法,解决孩子问题的方法是"术",而读懂孩子这个行为背后的心理发展规律是"道"。如果我们只追求"术",那么,即使学习到了处理问题的方法,父母也不能够理解为什么要用这样的方法,不会根据孩子的状况去调整方法。所以,掌握孩子生命发展规律是"道",有了正确之道,父母就会从"道"中自然生长出正确的"术",从而获得育儿的智慧,在陪伴孩子成长的过程中,就会少走弯路。

发现孩子生命成长的规律

一些父母对我说:"胡老师,我们不能够等学会了教育,看懂了儿童发展的书之后,才来教育孩子啊!我们只是普通的父母,不是专家,养育孩子中怎样才能够发现孩子的成长规律呢?怎样才能够不破坏孩子的成长呢?"

当我们不是育儿专家的时候,怎样才能够发现孩子成长的规律?怎样去应对孩子的成长?根儿14岁的时候我才开始接触到教育,之前,我不懂得教育是什么;但跟随着根儿的发展行为,只要这个行为不涉及根儿的安全,不伤害到其他的人和物,这个行为就是被我允许的,我不会轻易做出干涉根儿行为的事情。

跟随着孩子的发展行为,满足孩子的行为,就可以顺利帮助孩子完成发展,这是我的经验。我用根儿成长中的一个例子来说明吧!

根儿3岁的时候,热衷于将自己打扮成"超人"。21年前还没有超人的儿童装卖,他就将枕巾当作披风,用两个晾晒衣服用的木夹子,将枕巾的两端固定在他的肩膀处,走路的时候让枕巾随风飘动,便有了"超人"的感觉。有一天,一位朋友请我们吃饭,根儿坚持要这番打扮前去赴宴,我们考虑了一下,还是顺从了根儿的要求。根儿威风十足地来到餐厅,朋友们见到他这副尊荣忍不住逗他,我们立即小声告诉朋友们不要关注他的打扮,更不要拿他逗乐,让根儿不要觉得尴尬,满足他"扮酷"的心理。这个阶段大致持续了半年,之后,根儿不再披着枕巾出门了。

4岁半的时候,根儿把自己打扮成一个士兵的模样,他自己动手用纸做了帽徽和肩章,然后用红笔涂上颜色并画出图形,他将帽徽安置在了一顶白色运动帽上,肩章固定在衣服的肩膀上,腰间勒上一根皮带,上面别着一把玩具手枪,还挂了一个指南针。那段时间,除了上幼儿园不这样装扮,每天只要回到家里,就把自己打扮起来,外出玩耍也是这般模样。一天,我带着打扮好的根儿外出吃早餐。在餐厅里,根儿突然发现枪套里的四发子弹只剩下了三发,少了一发,他伤心至极,大哭着四处寻找丢失的子弹,没有找到;最后,我向他保证重新买一套"枪支弹药"给他,才让他停止了哭声。

儿童心理发展理论告诉我们,6岁前的孩子会经历自我意识发展的关键阶段。在这个时期,孩子会发现自己与他人的不同,发现自己是一个独立的个体,为了从形式上对自己的独立有一个更加清晰的认知,他们也会在自己的外形上下足功夫。当我学习了儿童发展理论之后,我才明白了孩子们的行为:一位4岁的女孩要每天坚持穿纱裙去上学;一个5岁的女孩一定要在自己头上用布条装饰一番;一个3岁的男孩每天要穿上超人的衣服去上幼儿园;一个5岁的女孩每天戴着一个大墨镜,吃饭的时候也不摘下……而根儿是把自己装扮成超人和士兵。

当时,我并不懂得根儿把自己打扮成超人和士兵的行为与他生命内在发展有什么关系,现在,我懂得了根儿当初的行为是儿童自我认知心理发展的行为。回头看当初我们的做法,即使是在不懂儿童心理发展规律的情况下,我们也建立了只要孩子的行为不涉及安全和伤害我们都支持的原则；也正因为我们遵循了这个原则，满足了根儿的内在发展需要，支持了他自我认知的行为，从而没有破坏根儿的健康成长。所以说，父母并非一定要成为专家才能够理解和帮助孩子。

如何练就教育之"术"

父母需要学会解决教育中的问题,找到解决问题的方法,达成自己的教育目的。如何能够找到适合自己的教育方法呢?

不要急于获得直接答案

在研究教育的十多年里,我总是会收到许多父母的求助信。这些来信总是希望我能够立即给出一个具体方法,父母期望自己拿着这个方法,一试就灵,孩子的问题立即得到解决。这是家长对教育的浮躁心理导致的。

我用一个案例来解读这个观点。一位妈妈找到我,她的儿子3岁半,最近一段时间出现了憋尿而尿裤子的行为,幼儿园老师常常向她"投诉"。于是,她非常焦虑,不知道如何才能够让孩子不尿裤子。

孩子在这个年龄阶段存在肛欲期,憋尿尿裤子是正常的行为。我希望这位妈妈能够先搞明白孩子肛欲期形成的原因,然后让她明白如何帮助孩子度过肛欲期。但她无心了解孩子憋尿尿裤子的知识,只是不停地问:"我现在有什么方法制止他尿裤子?你直接告诉我就可以了。"我说:"具体的方法就是你不要把这个事情当成孩子的问题。他尿裤子的时候,你也不要训斥他,要允许他尿裤子,过了这段时期,他就不会有这个行为了。"她说:"难道让他一直这样尿裤子吗?"我回应:"你要方法,我给你方法了啊。"她:"那我怎么教育儿子呢?""不要教育儿子,改变你的做法,需要教育的是你自己……"

这位母亲只想要一个针对儿子的办法，解决儿子尿裤子的问题。然而，不懂得孩子生命发展之"道"，何来帮助孩子的正确之"术"呢？这位母亲后来接受了我的建议，回家认真学习《善解童贞1》中关于孩子肛欲期的知识，按照书里的原则和方法帮助孩子。几个月后，她打来电话，告诉我孩子已经度过了肛欲期，不再尿裤子了。关于肛欲期孩子的发展，读者可以参阅我的书《善解童贞1》。

知行合一

"道"融于心之后，生于"道"的"术"即生于心，此时，用"术"引领孩子，便是用心引领孩子。引领者的"道"与"术"合二为一，"知"与"行"也就合二为一了。在我遇到的父母中，知行合一是父母们最难以达到的境界。对于教育理念和方法，他们知道不少，当实施教育孩子的行为时，却是另一种景象，无法做到知行合一。

一位朋友与我聊天，谈到她四年级女儿的学习状况，对于女儿的数学学习颇为焦虑。女儿擅长图形思维，在处理文字时，她喜欢将文字在大脑里转化为图形进行理解和记忆，所以，她的英语学习和语文学习没有遇到多大困难，但在解析数学应用题目的时候，不能够读懂文字中的逻辑，无法理解题目的意思。朋友让女儿将数学题目的文字转化成图形来理解，女儿做不到。我告诉她，女儿的逻辑思维能力尚不能够理解数学题目中的逻辑关系，所以她不能够将文字转化为符合数学题目逻辑关系的图形。朋友说："但是，她的同学都能够理解啊，别人直接读题目就懂了，她怎么就不懂呢？"我说："每个人智力发展的速度不一样，你女儿的逻辑思维能力发展就是比别人要慢一些。"她问我该怎么办，我告诉她："每次她做数学应用题目时，让她用火柴棍之类的数学工具，这是用她的形象思维能力来理解题目；她需要从形象思维过渡到逻辑思维,这种方式既可以帮助她理解题目,也可以帮助到她逻辑思维能力的发展。你需要给女儿时间。"朋友急了,她说:"那不是回到一年级了吗?一年级的学生才那样做数学题啊!女儿的数学老师说的也和你说的一样,但我不能够接受这种方式啊!别人都不用数学工具了,她还要用,这让人怎么受得了啊!"我问她:"你学习教育多年,教育要根据孩子的具体情况,采用符合孩子的方式,这个道理你懂吧?"她点头同意:"这个道理我懂,但对于我自己的女儿,我做不到。""你知道,却不做到,你的知行不合一啊!"

当知行不能够合一的时候,我们在教育方法上就会出现纠结不清,患得患失。面对当下的处境,她需要做出选择。第一个选择是维持现状,女儿得不到有效帮助;第二个选择是接纳孩子思维发展现状,用数学工具帮助女儿学习,耐心等待女儿逻辑思维能力的发展,不要将女儿与其他孩子做比较。只有做出了选择,并承担选择的后果,我们才能够清楚自己到底要什么,到底能够得到什么。

用发展的眼光看待孩子的早期行为

在陪伴孩子成长的过程中,我们需要用发展的眼光来看待孩子的一些早期行为,这样,在应对孩子的某些行为时,我们才能够采用正确的方法。

比如,在幼儿时期,孩子喜欢吸吮手指。在传统养育观念中,这个行为被定义为"不讲卫生的坏习惯",由此,只要幼儿出现吸吮手指的行为,就会被成人以各种方式阻挠。然而,幼儿时期吸吮手指的行为是由基因中的程序决定的,这个行为要给孩子带来多种生命能力的发展。比如,幼儿通过吸吮手指来稳定增加的情绪,控制自己的情感,调整对环境的紧张感,这是幼儿发展解决情绪问题能力的重要方式。随着孩子的成长,他会发展出更多解决自己情绪的方式来替代吸吮手指,比如聊天、听歌、购物、美食、旅游等。从这个角度来看待幼儿吸吮手指，我们就不会纠结"他现在吸吮手指，以后改不掉怎么办"，坦然面对孩子吸吮手指，就会成为我们的应对方式。

总之，要获得教育之"术"，父母需要付出心力，而不是等待他人的直接给予。孩子的生命承载着两项重任来到这个世界：一项是完成生命的内在发展，一项是学会生存。父母要帮助孩子完成这两项任务，就要学习孩子生命发展的相关知识，懂得生命发展的自然规律，尊重和敬畏生命的自然发展规律。

父母与孩子在教育中互为成长的助手，相互成就对方。陪伴孩子成长的过程让我们重新审视生命成长的过程。如果我们没有做父母，可能我们不会重新去理解自己的成长过程，不会去审视自己的成长缺陷，不会重新去看待自己的生命状态；而孩子的到来，成为我们重启生命的时刻。由此，我们有理由说：孩子是来帮助我们成长的天使！

Chapter 2

人格品质的培育

家庭教育的首要任务是培养孩子优秀的人格品质，孩子的人格品质是否高贵，决定于养育者为孩子精神格子中装入的品质。

如何建构孩子的人格品质

人格与教育之间的关系

从十多年前接触到"人格"一词,就开始思考"人格"到底是什么,也看过各类关于"人格"的解释,总觉得太学术,太高深,太不容易与"人"联系在一起,更不容易与"教育"联系在一起。在多年思考"人"与"教育"的关系之后,我对"人格"与"教育"之间的关系有了自己的理解。

一个人的气质形成有先天遗传的因素,但由个体精神品质决定的那一部分气质却是由后天的教养形成,而且,后天教养对于个体的气质形成影响更大。在这个章节里,我们讨论的是后天教养对一个人气质的影响。

把个体精神品质展开为一个平面,在这个平面上画出许多小格,每一个小格里装入一种品质,由每一个小格里的品质综合起来,形成了每个个体的人格品质,也就是个体特有的人格气质和魅力。如表1所示:

表1 人格示意

诚实	自立	自信	善良	独立	自主
自尊	积极	专注力	意志力	勇气	创造力
协调能力	思维模式	合作力	语言能力	文字能力	逻辑能力
数理能力	运动能力	人际交往	自我管理	羞耻感	虚伪
无能感	自卑	丑恶	依赖	懦弱	消极
成就感	还有……				

人格示意表中，每一个格子里装有的品质也决定了一个人的格局。在人类的价值观中，那些被人类认可的优质品质能够为个体带来更优质的精神气质，装入个体生命格子里的优质品质越多，个体具备的优质格局越大。

父母在教养孩子的过程中，会将某些品质建立在孩子的生命中，让孩子具备相应的人品和气质，这个过程就是人格建构（人格教育）的过程。比如，父母在养育孩子过程中，把诚实、善良、合作能力、独立、自信、自我管理能力等品质注入了孩子生命的格子里，孩子的生命就具备了这些品质，在孩子个人气质中，就会显现出这些品质，成为孩子的人格魅力，如表2所示：

表2　某一个体的人格示意

诚实	自立	自信	善良	独立	自主
自尊	积极	专注力	意志力	勇气	创造力
协调能力	思维模式	合作能力	语言能力	文字能力	逻辑能力
数理能力	运动能力	人际能力	自我管理	羞耻感	虚伪
无能感	自卑	应变能力	依赖	懦弱	消极
成就感	还有……				

人格建构的三要素

人格的建构，需要养育者对孩子进行培养和引领。养育者要完善孩子的人格建构需具备三个要素：设计、建材和施工。为孩子建构健康的人格品质，养育者需要精心"规划设计"，认真"施工"，并且要使用高品质的"建材"，才能够为孩子建构坚实而健康的人格品质。

设计

当我们孕育了一个新的生命，我们会对这个生命抱以期望，希望他成长为一个身心健康的人。人类个体由两部分组成，一部分是物质，也就是我们的肉身；一部分是精神，也就是我们的心理。面对一个孩子，父母能够清晰地知道孩子在每个年龄阶段需要怎样地喂养，他的身体才能够健康成长。父母会做出喂养孩子的食物提供规划：比如，出生后为孩子提供乳汁、奶粉，半岁左右添加辅食……逐步添加孩子消化能力可以接受的食物，直到孩子长大与成人吃相同的食物。

在每一个精神品质的格子里，父母要为孩子注入怎样的品质？父母要对孩子的人格发展做出怎样的规划？比如，父母希望孩子的人格中具备诚实、善良、合作能力、独立、自信、自我管理能力等品质，就要规划如何将这些品质注入孩子精神品质格子里，就像为孩子规划各个年龄阶段的食物提供一样。

建材

对于孩子的人格发展方向有了规划之后，就要按照规划提供"建材"。人格建构的建材来自父母本身的品质以及父母的言传身教。比如，父母规划了培养孩子诚实的品质，父母本身就要具备诚实的品质。在父母对孩子的身教和言传中，都应该体现对诚实品质的忠诚，这样才能够将诚实的品质建构在孩子的人格里。如果父母自己不具备诚实的品质，经常在孩子面前说谎话，这样的建材就会在孩子在人格中建构不诚实的品质。

施工

将品质植入孩子人格的实施过程，便是"施工"的过程。施工需要按照规划设计，使用同品质建材，施工才是成功的。比如，父母规划了培养孩子诚实的品质，父母在所有教养行为中，都要贯彻诚实品质，这叫同品质建材；如果父母的教养行为中有不诚实的行为，这叫不同品质的建材，属于劣质建材。

如果父母在教养行为中坚持使用诚实的同品质建材，孩子建构的诚实品质就是高质量的，高纯度的。如果父母将同品质建材与劣质建材混用，孩子建构的诚实品质中掺入了杂质，纯度不高，即使掺和的杂质不多，但遇到关键时刻，这些掺入的杂质也会影响孩子的一生；如果建材中掺和的杂质太多，孩子建构的诚实品质质量太低，孩子的人生将遇到更多的困境，甚至灾难。

人格构建的后天"教"养与先天培"育"

我们来看一个案例：

> 一个16岁的孩子到美国旅游，父母安排他住进了一个在美国A市的华人家庭。孩子在美国多个城市游玩，游玩到了B城市时买了一副耳机，发现耳机有问题后孩子没有马上找到卖耳机的商店解决问题，而是带着对耳机的不满继续旅游到了C城。在C城，男孩找到了卖耳机的连锁商店，服务人员测试了耳机后确认了耳机存在质量问题。男孩要求更换。服务人员告诉他由于耳机不是本店出售的，所以不能够在本店更换，但是可以帮助他将有问题的耳机邮寄到购买的商店，等换到新耳机后再帮男孩寄到中国；可是，男孩没有接受这个建议。回到A市的华人家庭后，他把这件事情告诉了华人夫妇，华人夫妇的做法是：他们拿着耳机到了A市耳机连锁店，欺骗服务员说耳机是在这个商店买的，最后成功换了一副新耳机。回国后，孩子的父亲知道了这件事情，他告诉孩子：如果你将来要做一个国际人，这样的做法是不可以的。

在这个案例中，16岁男孩的人格中，缺失了独立、自主、规则等品质。华人夫妇的人格中缺失了诚实的品质。男孩父亲缺失了责任这一品质，在养育男孩的过程中，没有帮助男孩建构起独立、自主、遵守规则这些品质，没有为男孩的成长负起责任。所以，他们出现了在案例中的行为。

在人格示意表中，一些品质是后天植入的，比如诚实、自尊、自立、无能感、依赖。而一些品质是上天把其种子撒在了精神品质的格子中，比如专注力、创造力、自主性等，这些品质需要养育者精心施肥浇水除草，才能够健康生长出来，成为个体的人格品质组成部分。

对于后天植入的品质，需要养育者"教"给孩子；对于生命中已经有其种子的品质，需要养育者培"育"。孩子的人格建构是在"教"与"育"的联合中完成的。在《父母的天职：让孩子的天赋自由地生长》中，我们详细讲解了人格品质的"育"。在这本《父母的天职：回归教育本质，完善孩子人格建构》中，我们将详细讲解人格品质的"教"。

诚　实

我希望养育一个具有诚实品质的孩子。在根儿出生后,我的言传与身教都忠实于这个品质,我坚信有了诚实的品质,根儿才会有立足社会的坚实根基。在生活的细节中,我不放过任何一次为根儿建构诚实品质的教机。

让根儿讲真话,是帮助他建构诚实品质的基础。我坚持让根儿讲真话,无论他做了什么,只要对我讲真话,我就不会对他的错误进行惩罚。我曾经反复告诉过根儿:"记住,面对一件事情的发生,你可以不发言,你有保持沉默的权利;但是,一旦你开口讲话,一定要讲真话,不可以讲假话。"根儿牢牢记住了我的话,并付诸行动。于是,根儿从来不说假话。

然而,随着根儿进入学校这个小社会,他开始面临说真话带来的麻烦。在这些麻烦中,他开始运用自己的生存智慧,坚守着诚实的宝贵品质,得到了我的鼎力支持。

墨水事件

根儿三年级时转入了新的学校,和同学一起居住在学校。虽然我那个时候已经是该校的校医,但根儿无法与我住在一起,我们只有在周末回到我母亲家里,才有机会在一起交流。

一个周末的晚上,根儿突然在房间里号啕大哭起来,这是从未出现过的情况。看他哭得很伤心,我来到他身边,问他:"有什么事情可以告诉妈妈吗?"他抽泣着大声问我:"妈妈,你说过不可以说假话,但是,学校里为什么有人要说谎?他们为什么不说真话?"我抱着他,问:"发生了什么事情?谁说了谎话?"根儿哭泣着,告诉了我发生的事情。

原来,宿舍里有个同学把墨水泼洒到了另一个同学的枕头上。老师发现后追问是谁弄的,宿舍里其他三个同学都说不是他们弄的。根儿保持着沉默,没有回答老师的话,老师就断定是根儿把墨水弄到了枕头上,老师批评了根儿。

我问根儿:"为什么你不说不是你弄的?"

根儿:"他们三个都说不是他们弄的墨水,老师就认为是我。他们三个同学合起来说假话。妈妈,我知道是谁故意把墨水弄到了同学的枕头上,但我没有告诉老师。"

我问:"为什么你不告诉老师呢?"

根儿:"如果我说出来,他们三个就会合伙儿打我,我打不过他们。"此时,根儿的情绪已经稳定了下来。

我明白了根儿不说出真相是为了保护自己,这是根儿生存智慧的体现。我告诉他:"你做得对,你能够审时度势,在不能够确保自己安全的情况下保持沉默,守住了不说假话的底线。记住,将来遇到'寡不敌众'的情况,你都可以选择保持沉默,但不可以说谎话。在任何情况下,我们都要做一个诚实的人。"

家长会上的骗局

根儿五年级时,学校进行一学期一次的开放课堂,家长可以到孩子的班级听课。我去参加了根儿的英语公开课,老师用全英文教学;对于我这个英语水平不高的家长来说,只好感受一下课堂气氛了。

回家后根儿问我:"妈妈,这节课我们都上了好几遍了,就是准备给家长看的。但是上课的过程中我们还是出了错，你听出来了吗？"我说："妈妈不懂英语，没有听出来。"根儿说："我告诉你我们错在哪里，本来老师叫一个同学读第一段，结果他读到了第二段，因为提前学过，所以我们都会读第二段了。我们经常上这样的假课，只要有人来听课，老师一般都会提前教会我们的。"我突然有一种被老师捉弄的感觉。

我让根儿谈了他对这件事情的看法，鼓励他将自己的看法写成一篇文章。他将文章的题目定为《家长会上的骗局》，以下就是这篇文章的全部内容：

家长会上的骗局

星期五到了，我们五年级又迎来了一学期一度的家长会。可是每次家长会都有一个惯例，那就是给学生上一节"明知故听"的公开课，来汇报这半学期中学生的成绩。当然，这次的英语公开课也如此。

上课前，先是两个学生做英语值日报告，老师现场给她们的值日报告评定并打分，然后才开始上课。这次英语课的内容是关于方位的，老师指着单词一个读音一个读音地教我们念，然后请每位同学一个个地过关，再让学生造句。同学们好像根本没学过这篇课文，但实际情况并不是这样：为了这一天的公开课，老师事先给我们把这篇课文翻来覆去地讲得清清楚楚，使我们对这篇课文简直是了如指掌。在家长会前几天，我们就已经上过这一课了，并且老师还仔细教了我们每个单词的读音。那两个做值日报告的同学，也是经过挑选后又接受了老师辅导才在家长会上做示范的。而且，这回上课还露了馅儿呢！当时，老师请一个同学起来读"大西洋"这个单词，那个同学却把这个单词和另一个老师还"没教"的单词组合成词组从嘴里"滑"了出来，"可惜"的是，没有谁发现这个错误。如果那些家长们留心一点的话，就会发现这个巨大的漏洞。

　　在我看来，这种行为并不好。因为家长来听课，唯一的目的就是要了解自己的孩子在学校真实的学习情况。可是老师为了不让家长失望，却用这种方法来欺骗家长。这样，虽然家长很满意，可却听了一节毫无意义的英语课。

　　难道家长都毫无疑问地满意了？不是的。当我回到家时，妈妈就好奇地问："你们好厉害啊！我的英语也不错呀！怎么我还没有反应过来你们就那么快地回答出来了？"我把幕后的真相向妈妈说了一遍，她才惊讶地说："原来是这样！"我相信肯定还有像妈妈这样的家长不会轻易相信我们那么"高超"的学习水平。

五年级一班　孟根屹
2004/4/19

　　我看了文章后告诉他："这篇文章说出了真相，表达了你的观点，但是不能作为本周周记交给老师，我们还是保留起来吧！"根儿心里非常明白老师看了这篇文章的后果，但是他不明白我为什么让他写这篇文章。我告诉他："妈妈让你写出对这件事情的看法，是想让你学会分辨是非。老师也会犯很多错误，做很多错事。你要学会分析，有一句话你要永远记住：'我爱我的老师，但我更爱真理！'"

　　对于不将文章交给老师作为本周的周记，我还有一层意思没有告诉根儿，那就是，在他的力量尚不能够与当下环境（老师）抗衡的时候，他要保护自己，不要以卵击石，让自己受到伤害。现在根儿可能还不明白这一点，等他长大一些，他会慢慢明白的。

　　随着根儿年龄的增加，他的心理力量也逐渐强大起来，根儿在作文中能够大胆表达自己的观点和看法，对学校一些错误的做法提出自己的意见。六年级时，根儿向我抱怨学校的卫生检查："妈妈，学校老师经常作假，比如打扫卫生这件事，一有领导来检查，我们班就要大扫除，烦死人了，平时就应该把卫生搞好嘛！""你可以写成书面意见提交给学校老师。"在我的支持下，根儿在一篇《学校轶事》的系列作文中，写出了对学校进行卫生大检查的看法，并且把这篇作文交给了老师。

学校轶事之二

有一件事我不明白，10月27日是上级领导来检查我们学校卫生的日子。检查之前的两天，学校便动员全体师生彻底大扫除了好几番。弥老师说这不叫虚伪，可我却认为太虚伪了。因为别人来检查学校，是要了解学校的状况，必须把我们最真实的一面展示出来，不能做"两面派"。我认为，别人来检查时就应保持原样。并且我提议，平时没人检查时依然要保持卫生，要定期做大扫除，这并不是应付检查，而是让我们有更好的生活和学习环境！

从"墨水事件"到"英语课骗局"，当孩子进入学校这个小社会后，学校中发生的事情往往会与家庭教育给予孩子的品质要求出现冲突。父母在其中要变被动为主动，将这些不利的因素化为有利因素，用这些事件来帮助孩子在纷繁复杂的社会中发展辨别是非和保持高贵品质的能力。这样的能力就是适应社会的能力。如果我们将社会中的不良现象视作洪水猛兽，让孩子回避，那么，孩子就失去了发展适应力的契机。

秘密作业小组

根儿进入初中后，每天晚上10点半才能够下晚自习回家，看到根儿疲惫不堪的面容，我感到无能为力的心痛。

有一天，一位同学的妈妈告诉我，她的孩子每晚10点半回家后，还要继续做作业到夜里12点以后，她问我根儿是否也是这样。我告诉她根儿每天回家就没有作业了。她感到很奇怪，问我："你孩子作业做得好快啊！怎么那么早就完成了呢？"我心里有些纳闷，是啊，根儿的作业速度再快，也不至于比这个同学快这么多吧！

回家后，我问了根儿作业的情况。根儿轻松地告诉我，他与三位同学组织了一个秘密小组，他们分工合作完成作业。他告诉我："老师布置了数学作业后，我们四个人每人承担一个部分，然后我把自己完成的部分给他们抄，他们完成的部分给我抄。这样，我们每个人只做四分之一的作业，当然很快就完成了，而且正确率很高啊！"我知道四个孩子的成绩都非常好，心里暗自为孩子们的聪明做法喝彩——你们太有才啦！但不免有些担心，我问他："老师不会发现你们这样做吗？"根儿得意地说："我们有特殊的流程设计，老师很难发现！"我好奇地问："什么样的流程不会被老师发现呢？"根儿："妈妈，我讲了你也不会懂的，你放心好了，老师不会发现的！"我提醒他："你要把老师布置的作业都看一遍，如果有不会做的题目就要亲自动手做哈！"根儿答应了我。

在一些人看来，孩子们的做法是在欺骗老师，做了不诚实的事情，但我不这样看。我认为，当孩子生存权利被严重侵犯时，当老师已经不在乎孩子需要正常的生活作息时间时，当老师将学生作为完成作业的机器时，根儿和同学运用自己的智慧捍卫自己正常休息的权利，这是他们无奈之下的被迫之举。他们无法改变老师，只有用自己能够实现的方式达成自我保护的目的，在繁重的课业中让自己获得喘息的时间。此时此刻，根儿选择了对自己生命的诚实和负责任。作为一个人，正常生活作息的权利高于一切！我看到了根儿精神的力量，当我已经无力保护他的时候，我欣喜地看到根儿长大了！

几个月后，秘密作业小组还是被数学老师发现了，四个孩子被老师批评了一番。当老师问到谁是主谋时，其他三个同学都说不是自己，只有根儿没有说话，保持沉默。于是，老师认为根儿就是主谋。回到家里，根儿讲起这件事情时一脸轻松，他说："妈妈，老师要罚我站着听课，还说如果我在全国数学竞赛中不能够获得一等奖，就要站着听课半个月，哈哈！"我一脸担心，问："你们的秘密小组怎么就被老师发现了呢？"根儿笑着说："唉，有一个同学听错了他的任务，程序就乱了，然后老师就从作业中发现了。"我问："你为什么不像他们一样，告诉老师你不是主谋呢？"根儿平静地说："妈妈，我们是一起商量这件事情的，每个人都是主谋，我不想推卸责任！"我看到根儿敢于担当的品质已经成长了起来，但我还是不甘心他一个人被罚。我说："老师要罚你站半个月听课啊！要不我去找老师说说？"根儿立即阻止我："不用了，妈妈，这事我自己能够应付的。"

一个月后根儿参加了数学竞赛，只获得了二等奖。我还在担心根儿被老师处罚，根儿却告诉我老师已经忘记处罚他了。过了一段时间，我发现根儿的作业量并没有增加，他告诉我："妈妈，我们的秘密小组恢复运行了，这次我们把程序做得更严密了。吸取上次的教训，每次要落实一下各自负责的题目，这样老师就不会发现了。"我为孩子们的勇气和智慧感到欣喜，赞叹道："你们像电影中出色的间谍小组啊！"根儿的秘密作业小组一直运行到孩子们初中毕业，再也没有被老师发现过。

后来，秘密作业小组的四个孩子都考入了名牌大学：根儿进入了剑桥大学，一个孩子进入了清华大学，一个孩子进入上海交通大学，还有一个进入了美国的一所大学。现在，他们都已经大学毕业了。

孟爸的担忧

对于我坚持培养根儿诚实的品质，孟爸也曾担忧过，他认为：现在的社会环境并不纯净，太诚实的孩子进入社会后会吃亏，难有生存的空间。根儿太诚实，将来怎么在社会上生存呢？

我告诉孟爸，第一，孩子的品质是我们自身的品质熏染出来的。我不说假话，你也是一个真诚的人，根儿耳濡目染的都是我们的真诚和善良，所以，无论我做什么，根儿都将会是一个诚实的人。第二，我相信，社会始终都会接纳一个诚实善良的人。根儿未来可以选择与他品质相近的人在一起工作和生活，选择与他品质相近的人文环境生存，他就能够获得快乐与幸福。第三，无论根儿将来生活在何处，我坚信诚实的人能够有更多生存的机会。如果你是一个领导或者老板，你一定喜欢诚实的人为你工作。第四，随着根儿长大，他会根据当下的复杂环境，在维护自己的权利、尊严和高贵品质的同时，选择智慧的方式应对发生的事件。他的智慧会让他不丢弃尊严和品质，这样的男人才能终成大器。

给孩子说真话的空间

在根儿小学四年级时，一位老师送给根儿一套英语听说教材，希望根儿坚持每天听15分钟。我也对根儿提出了这个要求。然而，在这个要求之下，我却没有关注到根儿生命健康发展的需要。当时，根儿每天早上6点半起床，中午没有午休，一直到晚自习结束后回到家里。此时，已经是晚上9点半，而我还要求他听英语15分钟，这样的学习强度让根儿已经非常疲惫，抗拒自然会产生。

当孩子还没有足够的力量来抵抗父母的时候，他们会通过说谎来保护自己。本来就有自觉学习习惯的根儿，开始逃避着晚上15分钟的听力练习。他每天都要我督促才能够完成，我的内心没有感受到孩子此刻需要休息，他的心力已经不足以应对那15分钟的英语学习了。他多么希望能够告诉妈妈："妈妈，我累了，学不动了！"可是，他不敢。

当时，我因为胆囊手术住院治疗，根儿晚上的听力练习完全靠他自己掌控。一天，我从医院回家，晚上检查他的听力练习本时，发现他从我离家住院后就没有进行过听力练习，而我在问他是否坚持听力练习时，从来不撒谎的根儿第一次用谎言保护自己。我当时非常愤怒，第一次因为根儿的学习举手打了他，还大声地吼叫："你为什么要欺骗我！"根儿当时吓坏了，哭着承认了自己的错误。至今，想到这次对根儿的打骂我都心痛不已。

　　之后，我对自己的行为进行了反思，终于明白了根儿为什么对我撒谎：他因为害怕说出真话后被我责备。而我没有给予他说真话的空间，是我逼迫孩子说了假话。想清楚了这些，我告诉根儿："妈妈之前没有考虑到你需要休息，所以，让你晚上还要学习英语。现在，妈妈决定，你晚上的听力练习可以停止了。如果喜欢，可以安排在周末；如果不喜欢，可以不进行了。"我们约定：晚自习之后的时间是根儿自由休息的时间，我不再给他任何作业。此后，我们共同遵守约定直到根儿高中毕业。

尊　严

沙拉宝塔

根儿6岁的时候到上海玩，朋友介绍我们到必胜客吃比萨。当时必胜客刚进入中国，上海这家店是国内唯一的必胜客餐厅。来到必胜客餐厅，我们第一次见识了自助沙拉的方式，当我们购买了一份沙拉后，服务员给了我们一个专门盛装沙拉的小碗，我们可以到沙拉柜前自由选择喜欢的蔬菜和水果，然后选择各种酱料。印象最深的是在自助沙拉处，一位穿着时髦的漂亮女人，在沙拉小碗里盛装了超出小碗容积3~4倍的食物，食物被高高垒起，像一座宝塔，在红红绿绿的食材颜色装扮下，宝塔异常耀眼。我兴奋地看着这个女人垒砌宝塔，不明白是怎么回事，还以为是安排的专场表演。

后来，必胜客在成都开店，我与根儿常去吃比萨。一个周末，我们来到必胜客餐厅，点完了餐后，根儿去洗手间，回来时告诉我："妈妈，有个人垒沙拉的技术太高了，用胡萝卜条和黄瓜条搭起了一个宝塔，技术太高了，你去看嘛！"我来到自助沙拉的地方，果然如根儿所说，好几个人都拿着沙拉碗在垒砌宝塔；有一个人的技术特别高明，用胡萝卜条和黄瓜条延伸了碗的边缘，扩大的碗的容积。因为自助沙拉只能够取一次，不可以吃完后再取，所以食客就希望多取一些，点一份沙拉，可以够一桌人吃。

那一天，恰巧店里有两个西方人，他们各自点了一份沙拉，自助的时候只取了不多的蔬菜和水果，没有超出小碗，吃的时候各自吃自己碗里的那份沙拉。这与国人吃沙拉的理念和方式完全不同,这种不同引发了我的思考。

我开始和根儿讨论中西方人在必胜客吃自助沙拉的方式,我想让根儿明白,吃相可以折射出一个人的人格品质。一个高贵的人,不在于他进入什么级别的餐厅,而在于他骨子里透出的那股气息和心境,这种气息和心境表现出来的就是我们看到的吃相。费尽心机的沙拉宝塔透射出来的是贪小便宜;沙拉被同桌用餐的人用各自沾有唾液的刀叉搅和着,透射出来了国人低级的用餐卫生,更深层的透射是国人缺乏人际间的界限。而两位西方人的吃相是坦然、卫生、有界限,这些细节构成了我们的用餐尊严。当我们要进入一家餐厅时,先衡量自己是否能够承担费用;如果我们决定走进这家餐厅,就坦然地消费,点喜欢的佳肴,品尝美味,保持尊严,享受生活带来的美好。

根儿还懂得,咀嚼食物的时候应该闭上嘴,不可以发出咀嚼的声音;食物还在嘴里的时候不要开口讲话,咽完后再讲话;如果有菜汁沾在嘴边,要立即用餐巾擦去;不可以在餐桌边吐痰擤鼻涕;用餐时不要狼吞虎咽……用餐的礼仪不仅是对他人的尊重,也是对自己的尊重,更是营造舒适用餐环境的必备条件。

现在,在中国的必胜客餐厅中,再也见不到自助沙拉了,同时消失的还有精致的餐盘和餐巾,以及食客被尊重的氛围。在取消沙拉等众多精致服务的原因中,也许有着一个重要原因:不讲究尊严的食客,不配拥有被尊重的用餐环境。

尊严是自己挣来的

尽管根儿从昆明转学到成都之前,我们也为他做了一些心理准备,但是,他刚转学到成都时,内心却有一些自卑,他担心成都的同学看不起他。一次在送学生回校的班车上,我与一个孩子聊天。孩子问我们来自哪个城市,我如实告知:"我们来自云南昆明。"坐在我身边的根儿立即拉扯了我一下，示意我不要再说话了。回家后他告诉我："妈妈，不要告诉人家我们从昆明来，云南很落后的，人家知道我们是昆明人就看不起我们了。"我没有想到根儿会有这种想法，告诉他："不管我们来自哪个城市，只要我们做好自己，别人就不会看不起我们！"我希望他不要因为自己来自落后地区，就感觉低人一等。

在成外附小度过了适应期后，根儿成为品学兼优的孩子，深得同学和老师的喜爱。此时，我告诉他："一个人在任何环境中，只要他努力做好自己的事情，愿意与人为善，别人就不会看不起这个人，你现在感觉到这一点了吧！"根儿表示赞同。

初中毕业后，根儿来到深圳读书。刚到深圳上学时，新的环境和人际关系给根儿带来了压力，他主观地认为深圳的同学读书都很厉害。这是一个开放的城市，同学们都见多识广；而他来自落后的西部城市，各方面都会比深圳的同学差，担心同学看不起他。我们一起回忆了转学到成都后，他是如何获得同学的接纳和尊重的过程。然后，我依然是那句话："我们做好自己，有尊严地活着，别人就不会看不起我们！"第一学期结束时，根儿的学习成绩非常优异，他发现自己的学业并不比同学差，与同学关系也非常融洽，心里的结就此解开了。

根儿在剑桥大学的环境里，不会感觉因为自己是中国人而被人看不起。我曾经问他，在剑桥大学里，中国人是否会被歧视。根儿回答说："剑桥大学是一个开放包容的学校，学生来自世界各地，大家平等相处，只要不违反规则，不故意伤害别人，没有人会被他人歧视，大家都很友好。"

勇 气

莲花峰的较量

孟爸非常重视根儿的男性气质培养。孟爸认为,勇气是男人人格魅力的重要元素,这是根儿要必备的。

根儿6岁的时候,我们带他到云南石林去玩,同去的有根儿16岁的堂哥、10岁的表姐、大伯、60岁的王婆婆。石林并不陡峭,我们决定一直到达石林最高处的莲花峰。最高峰处有几块大型的石头相聚成一朵莲花状,故名莲花峰。

穿过一个石缝后,莲花峰近在眼前。但是,我们要达到莲花峰的"花朵"上,必须经过一段狭窄的路。这条20米长的小路只有60厘米宽,一边有大石相依,一边是临空悬崖,没有附着处。人们可以扶着路边的大石头,穿过这条路,就能够成功到达莲花峰上,观赏石林的全景。

大伯和孟爸为孩子们做出了榜样,他们最先到达莲花峰。接着,堂哥和表姐也过去了。王婆婆玩兴正浓,也顺利达到了。现在,只剩下了根儿和我。根儿不敢走过这条路,尽管前面的人都为他做出了示范,我们确认他能够安全地走过去,但他还是害怕。在我们的鼓励下,他终于开始尝试着前行。前行了三分之一的路后,他停了下来,然后开始哭了起来:"呜呜呜……妈妈,我还是害怕,还是害怕啊!呜呜呜……"转过身来看着我,想退回来,无论孟爸在那一头如何大声鼓励,根儿就是不往前走一步。

这时，莲花峰上有两个年轻的西方人，他们大声叫喊着，用鼓掌的方式鼓励着根儿。而与我站在一起的国人却在叹呼着："小孩危险啊，小心啊！"我示意他们不要讲话。僵持了5分钟左右，孟爸在那边做好接应的姿势，我也不停鼓励根儿，他哭着向前迈出了一步，我们都为他鼓起掌来。接着，他一步一步地终于到达了莲花峰，孟爸抱起根儿，亲吻着他！

在离开莲花峰时，我们没有沿着老路下山，而是选择了另外一条更艰难的路。这条下莲花峰的路有一段根本无法站立着走，只有爬着才能够下去。此时，根儿完全像一个勇士，不需要孟爸的搀扶和帮助，跟着堂哥连滚带爬地下了山。他终于征服了自己内心的恐惧，变得勇敢了。

爸爸，你先来！

根儿7岁左右时，昆明福保文化城里有一个水上乐园。一个周末，根儿和他的朋友小凡相约，一起来到水上乐园玩。

水上乐园里有一处高达约12米的速滑冲浪道，只有少数几个小朋友敢采用头朝下的方式从滑道往下冲浪，那几个小朋友玩得很开心。孟爸也和根儿一起在玩滑道，他们都是头朝上往下滑，看到别人头朝下的方式，孟爸提议根儿也来一次头朝下的玩法。

根儿有些害怕，对孟爸说："爸爸，你先来吧！"他想看到爸爸头朝下地安全下滑后，自己再来尝试这个新的玩法，根儿一贯做事谨慎。孟爸鼓起勇气，完成了一次头朝下的冲浪。根儿随即也尝试了这种新玩法。孟爸后来告诉我，当根儿让他先来时，他也有些犹豫："没有这样玩过，我这把年龄了，的确有些担心。但儿子已经说出这话，他把我看作他的榜样，如果我当时退缩了，儿子就会失去勇气，我必须硬着头皮上！"在培养孩子的勇气方面，父亲的作用非常重要。

横渡抚仙湖孤岛

　　云南澄江的抚仙湖是中国已知的第二深水湖泊，湖水平均深度为95.2米，最深处有158.9米，面积212平方千米。这里的水质极佳，湖水清澈见底。相传，抚仙湖下沉寂着一座古城，这让抚仙湖更具神秘感。

　　距离湖岸一公里的湖中有一座孤岛，比湖面高出40多米，沿岛湖水很深，向湖一侧多断岩。一些游泳技术较好的人会从湖边游到孤岛，然后再游回岸边。因为抚仙湖中有暗流，水层间存在温差，常常导致游泳者痉挛等身体异常情况发生。游泳者为了安全，会用一根绳子一头绑着充气的游泳圈，一头绑在自己的胳膊上，以备发生危险时自救。有一些人因为没有采取安全保护措施，命丧湖中的事情时有发生。为此，抚仙湖管理部门专门划定了游泳区，湖上巡逻艇随时观测游人情况，以保证游人的安全。

　　每年夏天，我们一家人都会到抚仙湖度假。这里山清水秀，由于环境保护得很好，抚仙湖的水清澈透明，水里的水草都能够看得一清二楚。每次度假，我们都会到湖边的渔家去吃美味，从湖里打捞起来的鱼，味道非常鲜美。

　　根儿15岁时，我们一家到抚仙湖游玩，一同去玩的还有朋友楚师一家人。每次到抚仙湖游玩，根儿和孟爸都要在划定的游泳区游泳。这一次，根儿提出："我们这次游到孤岛上去吧！"孟爸当即赞同。他小声对我说："这是锻炼儿子勇气的机会，不要放过！"我心里赞赏着根儿的勇气，但也深知这个计划的危险。为了保证安全，我找到了在江边划船载游人到孤岛的船夫，租用船只跟随他们，我明确地问船夫："如果我的孩子游泳时出现腿抽筋、脚被水草缠住，你能够救他吗？"他回答："没有问题的，我们生活在江边，完全可以放心。"在我们付费后，有了船夫的安全保障，我们开始实施挑战游到孤岛的计划。

　　根儿、孟爸和楚师三人一同下水向孤岛游去，我和楚师的夫人、女儿坐在船上，随时观察三人的状况。我从船边往水下一看，长长的水草黑黝黝的，湖水显得深不可测。我担心这些水草缠住他们的脚，一刻都不敢大意，时刻关注着三个男人的情况。

五分钟后，楚师上船了，他说看着湖水里长长的水草，恐怖极了，不敢再继续，只好半途退出。根儿和孟爸继续游向孤岛。我看到根儿不时回头看看孟爸是否跟上，他们互相照料着，最终抵达孤岛。因为担心发生危险，我不同意他们继续游回岸边，于是我们一同乘船从孤岛返回。

孟爸在帮助根儿锻炼勇气的过程中，非常注重自己的行为。他将自己视为根儿的榜样，不放弃任何一次机会，让根儿学会男人的勇敢和无畏。

责 任

起床

根儿4岁的时候,我们搬了家,他开始独立在自己的房间里睡觉。根儿感觉到自己长大了,不再需要我们叫他起床,于是提出要一个闹钟。我敏感地意识到根儿独立的心理发展需要,这个需要正是我们培养他管理自己起床的机会,于是对他说:"妈妈可以给你一个闹钟,但是你每天必须坚持闹钟一响就起床。"根儿答应了。

自此,闹钟代替了我们每天早上叫根儿起床。他严格遵守我们的约定,从来不赖床。我们家离根儿的幼儿园不到5分钟的路程,幼儿园8点才开始入园,他却坚持要在6点半起床。之后他来敲我们的房间,叫我们起床做早餐后,便自己刷牙洗脸。吃完早餐后(他坚持要在家里吃早餐,进入幼儿园后还会再吃一次早餐),7点20分准时出门,7点25分到达幼儿园大门,等待开门的老师傅,然后以第一名的身份进入幼儿园。这个过程仿佛成为根儿入园的仪式。

由于到达幼儿园太早,根儿无事可做,我建议回家做点有意义的事情,等八点钟再进入幼儿园,根儿答应了。于是,每天7点半完成他第一个入园的仪式后,我们返回家里,根儿就练习钢琴半小时,然后再去幼儿园。我们一直顺应着根儿这样的需要,这种模式一直坚持到根儿幼儿园毕业。

从小学到高中,根儿一直用闹钟管理自己的起床时间。中学时期因为太累睡过头了,导致上学迟到,这是根儿最不愿意发生的事情,他不希望在纪律上留下污点。每次遇到这样的情况,他就会请求我给老师打电话,帮他请假一节课。我非常理解根儿,立即打电话写假条,帮他渡过"难关"。有时候我见他太累,就劝他干脆睡上一个上午,下午再去上学。根儿不肯。在十多年的学生生涯中,这样的情况加起来没有超过十次。

给孩子发展自我管理的机会,就要允许孩子犯错误,否则,孩子将失去发展自我管理能力的契机。很多父母担心孩子不能按时起床,一直承担着叫孩子起床的重任。从小学到高中毕业,孩子失去了发展自我管理起床时间的契机,在以后的学习和工作中,可能会为"睡过头了"付出惨痛的代价。

作业

当根儿开始上学时,我就决定让根儿学会对自己的学业负起责任。

上小学的第一天,我认真地告诉儿子:"学业是你自己的事情,每一次作业你都要认真完成。"当根儿第一次让我在作业本上签字时,我告诉他:"妈妈只签字,不会帮助你检查作业是否正确,你要自己检查。如果你没有检查出来错误,第二天被老师批评,你要自己承担。"在以后的作业签字中,我从不检查作业是否正确,根儿终于明白了我的意思。

孩子开始学校生活后,我们给予他们什么样的帮助方式,决定了孩子将来以怎样的方式来度过漫长的学习生涯。

在整个小学阶段,我们从来不检查根儿的作业是否做完、是否正确,作业的时间由他自己安排。只有让孩子承担起作业,他才能够真正知道学业是他自己的事情,并从中学会管理学业。这种管理能力就是我们所说的"学习自觉性"。

如果孩子的学业一直是父母在管理,不断提醒、监督和陪伴孩子作业,孩子的学业被父母当成了自己的事情,那么,孩子管理自己学业的能力就不会得到发展,孩子就会出现"没有学习的自觉性"的状态。

一天,我在和同学通电话的时候,听到她在对读小学四年级的儿子大叫:"赶快做作业去,我才一离开,你就不自觉了呀!"同学告诉我,她的儿子每天要他陪着才好好做作业,她只要一离开,儿子就马上去玩了。出现这样的状况,不是孩子的问题,而是父母一直没有给孩子学习自我管理的机会,才会导致孩子不会管理自己。

忘戴红领巾

根儿在刚进入小学一年级时,每天晚上睡前十分钟,是他收拾和准备学具的时间。我会提醒他,但我不代替他。帮助根儿形成了习惯后,就不需要提醒了。根儿在上学期间,偶尔也会发生忘记戴红领巾或忘带学具的事情,他会认为是自己粗心,而不会把责任推卸给我和孟爸。

曾经在早餐店里看到一对母子,他们正在吃早餐,上小学五年级的儿子突然大叫一声:"妈妈,我的红领巾忘记带了!完啦!完啦!哇哇……"孩子急得大哭起来。孩子上学没有戴红领巾是件非常严重的事情,可能会影响到整个班级的评分,孩子承担不起老师和同学的责难,所以会急得大哭。妈妈还没有回过神来,只听见儿子对妈妈大喊:"为什么你不记得给我戴红领巾!为什么你不记得给我戴红领巾!哇哇哇……"妈妈慌了神,急忙回答:"妈妈马上回家拿,然后尽快送到学校!"儿子继续责怪妈妈:"来不及啦!来不及啦!谁叫你不记得啊!"他们立即放下早餐,飞奔出了餐厅。

一个亲戚的女儿在上小学四年级,从有红领巾的那一天起,每天上学都是妈妈帮她把红领巾戴好。有几次妈妈忙于工作,只做了口头提醒,但是女儿还是忘记戴红领巾到学校。妈妈已经养成了习惯,女儿上学出门后,她要看一下红领巾是否带走,如果发现女儿忘记了,妈妈立即冲到学校把红领巾送给女儿。我问亲戚为什么要送红领巾到学校。她说:"如果不送,孩子就会被老师批评。""被老师批评一次也无妨啊!她既然怕批评,就会自己记住戴红领巾的。"亲戚说:"那怎么行啊,孩子要表现好,老师才喜欢的。"亲戚把女儿被老师喜欢看得比女儿的责任感更重要。

要帮助孩子建构责任感,必须要让孩子经历自己承担责任的过程。

考试

在根儿整个上学期间,我们都不会太在意他的考试成绩。

根儿上小学五年级时,一次考试后,和我聊天。

根儿:"妈妈,这次考试我如果考了个零分,校长肯定要找你谈话,你就惨了。"

我:"你考得不好,为什么校长要找我谈话?"

根儿:"因为这次考试有同学考得不好,家长就被老师叫来谈话了。考试得零分是很严重的事情,校长肯定要找你谈话。"

我:"考试是你的事情,你没有做好,校长只会找你。我在学校的工作做得很好,又没有违反学校的纪律,校长才不会找我谈话呢。"

根儿:"你是我妈妈呀,我考试不好,你当然要负责任啊!"

我:"爱你,保护你不受伤害,给你交学费,让你有房子住,吃饱穿暖……这些是我的事情,我都做得很好了;作业和考试,那是你的事情,应该是你要做好的呀。所以,如果你考试得了零分,校长只会找你谈话。"

根儿陷入了沉思,不再说什么了。

让孩子清楚地知道自己需要负责任的事情是什么,就是帮助孩子划清界限的过程。我和孟爸常常在根儿不清晰自己的责任范围时,告诉他:"爸爸的责任是上班挣钱,妈妈的责任是上班挣钱、煮饭和打扫卫生,根儿的责任是管理好自己的学业。家庭里每一个人都做好自己的事情,就是对家庭负责任。"这样的观念一直伴随着根儿长大成人。

从小学到大学毕业，求学的过程在一个人的生命中占据了十六年左右的时间。这段时间，上学是孩子生活的主题，他们需要从一开始就知道自己的责任。孩子起床的时间、孩子的作业、孩子的红领巾……这些都是孩子自己的事情。初期需要我们提醒和督促，目的是帮助孩子建构起有利于成长的行为习惯。然而，我们需要适时放手，让孩子承担上学迟到的后果，让孩子承担忘记红领巾后被老师和同学责难的后果，让孩子承担不做作业被老师批评的后果……孩子才会真正学会为自己的行为负责。

在生活中，我们深知，如果不认真工作就会丢失岗位，如果工作出现了问题就会被批评，如果不遵守劳动纪律就会被扣薪水……没有人来代替我们对此负责，后果只有自己承担。于是，我们学会了对自己的行为负责任。

当父母替代了孩子应该负责的起床时间、红领巾、作业等，在孩子的人格建构中，父母就没有帮助孩子植入责任感，直接后果是孩子不知道何为"责任"。

自我觉醒

2009年5月，我在昆明完成了写书的工作后，来到深圳陪伴根儿读书。此时，根儿已经住校近一学年了。我在深圳安家之后，每天下午放学后根儿都会回家吃饭，然后匆忙地赶到学校上晚自习。我觉得这样紧张的安排不利于根儿的身心健康，我们商量后，根儿决定在家里上晚自习。根儿到学校办理了相关手续之后，从5月下旬开始，他就不到学校上晚自习了。

每天晚上吃完饭后，根儿享受着家的舒适和自由，上网或玩游戏占用了大部分的时间，很少看书或做作业。他自认为成绩非常好，不需要花那么多的时间学习，加之期中考试获得年级第一的好成绩，他开始放松自己了。我管住了自己的焦虑，没有唠叨他的行为，决定用这个学期的期末考试给予他自我教育的机会。

期末考试在6月的第一周开始了。面对第二天就要进行考试的商学课程，根儿的情绪很不好，他烦躁地翻着厚厚的商学课本，不停地说："商学太难记了，我上周都记得的，今天怎么就忘记了呀！"看到他着急的样子，正是我想要的效果。但是，我没有把自己的想法说出来，只是耐心地帮助他平复情绪："你不要着急，一般考试前都会出现这种情况，明明之前记得的，突然忘记了；但是，等到考试开始后，一看到题目，你就会想起来了。"我让他早点休息，保持好的精力是获得考试成功的重要因素。

第一天上午的考试结束后，根儿回到家后，看得出来他情绪不好。我没有主动提及考试的事情，只是忙着做了他喜欢的菜，想让他好好吃一顿饭，能够让他的心情愉快一点。吃饭的时候，根儿主动谈及了考试情况："妈妈，我考试考砸了，脑袋好像不听使唤，明明知道答案却写不出来，一进考场就晕了，好像很紧张，喘气都困难。"我平静地看着他："哦，我读书的时候也参加过考试，如果我学懂了的知识，再紧张也能够回答出来；如果我没有彻底搞明白的知识，可能就写不出来了。考试的时候，每个人都会紧张，你出现的喘气困难是紧张导致的反应。下午考试的时候，如果感觉紧张就做深呼吸，深吸气……呼气……深吸气……呼气……深吸气……呼气……一般做三组，你就可以放松了。对于考试只要你尽力就好。"我为根儿进行了深呼吸的示范，根儿跟着学会了。

结束了下午的考试后，根儿的情绪明显好转了。我没有继续追问他考试的情况，看样子还不错。他对自己考试的评价一般都很低调，如果他不告诉我们情况或者他说"还可以"，一般考试成绩都会达到优秀的级别。

这次期末考试，他的信息技术和商学课程的成绩都是B，其他是A和A星。按照他的学习能力，我们对他的要求是全部学科都要达到A，他自己也认可了这个要求。考试成绩出来后，在与根儿的交流中，我们谈到了他的成绩没有达到我们的要求，也谈到了没有利用好晚自习对学业成绩的影响。根儿接受我们的意见。

新学期开学后，根儿还是办理了一个不在学校上晚自习的手续，但是，他晚上还是会到学校去上晚自习，手续只是他便于自己掌控的条件。有一天，根儿的身体刚从疾病中恢复，去学校上晚自习时，正好下起了大雨，我担心他淋雨后身体出问题，就劝他不要去学校了。但他坚持："不，我要去！"

进入三年级后，为了方便上网查询大学资料，为申请大学做准备，根儿没有再去学校上晚自习，每天晚上他都忙碌着。

对于17岁的根儿来说，我们的唠叨和经验或许只会给他带来抵触，只有承担过行为的后果才会让他对自己进行调整，这就是孩子自我觉醒和成长的过程。

当我们看到孩子的"错误行为"时，需要立即评估出这个行为的结果，根据评估做出我们的纠正计划——是立即制止还是等待结果。如果是关乎孩子生命安全的错误行为，应该立即制止；如果是关乎孩子品质养成的行为，就要运用这个结果来帮助孩子发展自我教育的能力。

对于我来说，牺牲孩子的一次考试成绩，获得的是根儿责任感的成长，我觉得是值得的。如果我们急功近利地只盯着孩子每一次考试成绩，如果我们不能够承担孩子一次成绩的牺牲，就不能够利用好天赐的教机，孩子也就错过了成长的机会。

规　　则

为了能够获得更多的生存机会，人类个体需要主动遵守群体规则来获取群体的认可。遵守规则也是孩子求得群体认同和生存机会的自我保护。

然而，人类的本性是趋利避害，以"快乐"为准则。当自愿遵守规则与趋利避害本能相冲突的时候，遵守规则的过程同时也成为克服欲望的过程。是违反规则满足自身欲望，还是遵守规则放弃自身欲望，这是一个博弈的过程。孰胜孰负，取决于个体从小建构的价值观和道德力量。孩子必须要经过成人的教化才能建构起主动遵守规则的意识和能力，孩子的自律能力发展需要得到成人的帮助。

小猪的栅栏

有三位养猪农户，我们分别叫他们农夫A、农夫B和农夫C。三位农夫管理小猪的方式不同，获得的收获也不同，幸福感也不同。

农夫A在放养小猪的山坡周围树起了栅栏，栅栏上还连着通电的电网。当小猪试图冲出栅栏时，一接触到栅栏就会触电，让小猪尝到了触电的痛苦。逐渐，小猪懂得了界限，停止了冲击栅栏的行为，每天安分地在栅栏的范围内活动；农夫A也不用担心小猪会冲破栅栏，每天放心地做自己的事情。

农夫B在放养小猪的山坡周围也树起了栅栏。农夫B看到小猪总是尝试冲破栅栏，但他不忍心让小猪承受触电的痛苦，因而并没有给栅栏连上电网。最后，在小猪接连的冲撞下，栅栏被冲破了，小猪跑得不见了踪影。农夫B失去了小猪，整天担心剩下的小猪会不会也跑得无影无踪，他忧心忡忡，无比焦虑。

农夫C在放养小猪的山坡周围也一样树起了栅栏。他知道小猪每天都在尝试冲破栅栏，但他根据自己每天的心情，时而给栅栏通电，时而不通电。小猪发现了这个秘密，每天都怀着侥幸心理冲击栅栏，试探栅栏是否通电，栅栏因此摇摇欲坠。农夫C担心小猪冲破栅栏，让他血本无归，每天忧心忡忡。

如果我们将农夫比作养育者，小猪比作孩子，栅栏比作我们制定的规则，通电比作执行规则，我们可以清楚地看到自己在为孩子建构规则的过程中，存在的问题是什么。养育者A制定规则，并坚定不移地执行规则，孩子因此养成了自律的习惯，在规则范围内获得最大化的自由。养育者B只制定规则，不执行规则，孩子不清楚自己的行为底限，一次次突破规则，难以管教，养育者也将承担痛苦的后果。养育者C制定规则，但时而执行规则，时而对孩子不遵守规则的行为放任不管；孩子对遵守规则的界限不清晰，无法建构起主动遵守规则的意识和行为，养育者备受患得患失心理的折磨。

我属于农夫A一类，建立规则并坚持执行规则，帮助根儿建立自律的品质。

补票

周末带根儿到钢琴老师家里去上课，我们需要搭乘公共汽车。一次，由于公共汽车里异常拥挤，我们没有办法购买车票，根儿手里捏着买票的钱一直到了终点站。售票员因为到站休息，也下车离开了。

我和根儿下车后,根儿问:"妈妈,还要不要买票?售票员都下车了。""要买票,我们去找售票员补票吧!"我们来到售票员休息的地方,她正在喝水,看到我们来找她补票,她很吃惊:"都下车了,你们还来补票?"我告诉她我们是从什么站上车的,请她把票补给我们,售票员从根儿手里接过钱,说:"其实你们不需要来补票的,都下车了!"我对售票员说:"我们坐了车就应该买票,谢谢你!"

走在回家的路上,我给根儿讲了一个故事:

很多年前,一个中国内地青年去法国留学。他发现当地公共交通系统的售票处是自助的,也就是你可以根据目的地自行买票,车站不设检票口,也没有检票员,连随机性的抽查都非常少。他估算坐霸王车而被查到的比例大约仅为万分之三,于是,便经常不买票坐车。四年后,他从名牌大学以优秀的学业成绩毕业。他充满自信,向欧洲一些跨国公司求职,他知道这些公司都在积极地开发亚太市场。求职的结果是,面试官们都热情地让他等待消息,数日后又都婉言相拒。他认为是这些欧洲公司种族歧视,排斥中国人。最后,他忍不住闯进某公司人力资源部经理的办公室,要求给他一个不录用的理由。

经理说:"先生,我们并不是歧视你;相反,我们很重视你。因为我们公司一直在开发中国市场。老实说,你就是我们所要找的人。但我们查了你的信用记录,发现你有三次坐霸王车被处罚的记录。"中国青年说:"为了这点小事,你们就放弃了一个人才?"经理回答:"小事?我们并不认为这是小事。我相信在被查获前,你可能有数百次坐霸王车的经历。此事证明了两点:第一,你不尊重规则,你善于发现规则中的漏洞并恶意使用;第二,你不值得信任。"

我希望根儿把规则意识化于心中，不论有无他人监管，只要规则在那儿，就必须遵守，使之成为一种默认的自然行为。这就是孩子的自律。

自助餐与排队的规则

从根儿第一次进自助餐厅，我们就定下了一个规则：吃多少取多少，取来的食物要吃完，不可以浪费食物。这个规则已经内化成了根儿用餐的美德。

根儿6岁时，我们在上海东方明珠的自助餐厅用餐。旁边一桌是两个妈妈带了两个四五岁的孩子，两个孩子因为喜欢漂亮的蛋糕，拿了好多各式蛋糕在盘子里玩；两位妈妈没有阻止孩子的行为，结账离开后桌上剩下了很多食物。根儿看着那一桌上剩下的好多食物，对我说："妈妈，他们这样做是不对的，浪费了这么多的蛋糕和肉！"然而，那两位带着孩子离开的母亲却不知道她们的错误。

背诵"谁知盘中餐，粒粒皆辛苦"诗句长大的中国人，每年浪费的粮食可以供两亿人一年的口粮，这种惊人的浪费行为源自我们"口是心非"的教育模式。成人对孩子说教着"节约是美德"，给孩子展示的行为却是对劳动者不尊重和对食物的不珍惜。

很多年前，肯德基刚刚进入昆明，去肯德基用餐的人异常多，有时候顾客在店员的管理下分批进入店内，排队的人排到了大街上。当时，根儿7岁左右，每次去到肯德基店里，我们都让他自己排队购买喜欢的食物。根儿也坚持在黄线外排队。但是，一些成人总是不遵守这个规则，看到根儿离正在购买的顾客之间有一个黄线的距离，就插队到根儿前面。根儿不知道该如何处理这样的情况，依旧老老实实地站在黄线外排队，很长时间也买不到食物。

遇到这样的情况，孟爸会抱怨根儿："你就不能够不站在黄线外吗？紧紧跟着你前面的人，别人就不会插队了啊！"根儿觉得很委屈。

我认为根儿没有做错，错的是那些插队的人——规则明明写在那儿。根儿是遵守规则的人，我应该保护根儿这种规则意识和能力。于是，我告诉孟爸，不可以责怪根儿，我们要保护根儿遵守规则的好品质。在根儿排队快接近柜台时，我和孟爸就站在根儿的两边，阻止那些想在根儿前面插队的人，提醒那些想插队的人："请在黄线后面排队。"等根儿买好了食品之后，我们就撤离，不再做秩序维护员了。

我希望根儿在一个文明有序、法制健全的环境中生活，这样的环境能够让他专注于自己的事业，不需要他去耗费心力应对潜规则，他只要遵守明规则就可以好好地工作和生活。如果我们期望孩子将来生活在文明有序的环境里，就应该把他培养成为一个遵守规则的文明人！

使用电脑的规则

我们身处信息时代，电脑已经成为我们学习和工作不可或缺的工具。对于孩子使用电脑，成人应该有管理规则。建议规则如下：

规则一，与孩子一起协商和制定使用电脑的时间，每天不要超过两小时。周一至周四只能够用电脑完成老师布置的作业，不可以玩游戏或上网做其他的事情；周五至周日每天有两小时自由使用电脑时间；假期里每天可以给孩子不超过两小时的电脑使用时间。

规则二，将电脑放置在客厅，尽量不放在孩子的房间，这样可以对孩子使用电脑的时间和内容进行有效监管，也让孩子形成自我控制能力。父母要为孩子使用电脑安装绿色防护，防止色情信息侵入。

规则三，在允许使用电脑的时间里，孩子玩游戏或查询资料，只要是健康的内容，父母不要干涉孩子，让孩子尽情享受属于自己的时间，满足孩子的心理需要。

规则四，父母与孩子协商电脑使用规则时，一定要制定孩子违反规则的处理方法。一旦孩子违反规则，要做农夫A，坚决执行处罚。当年我的规则中，如果根儿不按时关机，将取消一周的电脑使用时间，根儿一直遵守着规则。

规则五，每次使用电脑的时间不能够太短，孩子尚未满足就结束，这会激发孩子更想使用电脑的欲望。一般来说，最短时间不要低于半小时，让孩子有一定的满足；离开电脑后，孩子才会心安理得等待下一次使用时间的到来。

原则六，父母不可以对使用电脑的规则朝令夕改，不可以按照孩子的意图随意增加使用电脑的时间。

制定规则容易，执行规则难，这是很多父母遇到的困境，摆脱这个困境的唯一方法就是：做农夫A。

使用手机的规则

根儿在高中阶段才开始使用手机。学校对学生使用手机有相关的规定，所以，我们对于根儿使用手机几乎没有进行管理。

有一次，我与几位朋友一起吃饭。刚进入餐厅后，朋友13岁的儿子便向母亲要手机玩，母亲把手机爽快地递给了他。大约半小时后，母亲一脸生气地走到儿子身边，一把夺过儿子正在玩耍的手机，回到自己的座位上。我们不明白发生了什么事情，我看到男孩的眼里有愤怒，也有委屈的泪水。

于是，我问这位朋友："为什么突然把手机收了啊？"

她回答："他不自觉啊，玩那么长时间了，也不停一下，就喜欢玩我的手机！"

我："你把手机给他的时候，有没有约定他使用的时间呢？"

她："没有约定，但他应该自觉啊！"

我:"如果没有约定使用手机的时间,那是你的责任。你不可以从儿子手里突然收回手机,起码提前几分钟告知儿子,他应该结束了,这让他有个心理准备啊!如果你这样做,他就不会感觉愤怒和委屈了,你也会心平气和地让儿子把手机交给你了,你说是这个理吧!"

朋友在处理这件事情的过程中,缺失了对儿子的尊重,导致儿子的愤怒。

很多父母为孩子的手机烦恼,不知道如何管理孩子使用手机。这里,我为读者推荐一个故事,这个故事对父母们非常具有借鉴意义。

詹妮尔·伯利·霍夫曼(Janelle Burley Hofman)是一位13岁男孩格雷戈里(Gregory)的妈妈。儿子提出需要一部手机,妈妈担忧孩子不能够控制自己玩手机,于是,她想出了一个解决办法。霍夫曼给自己的儿子买了部苹果手机,伴随这部手机的还有一份文件,用来保证自己13岁的孩子在使用智能手机的同时学会节制和承担责任。有意思的是这份文件并不是几个简单的原则,而是一个写满了18条规定的"合约"。以下是"合约"全文:

亲爱的格雷戈里:

节日快乐!相信你现在肯定会为拥有一部自己的苹果手机而倍感兴奋。你现在已经是一个13岁的男孩了,而且是一个负责任的男孩,所以妈妈认为你完全有能力用好这部手机。但是想要接受这个礼物你必须接受合同里面规定的约束,我希望你能够理解。只有这样,妈妈才能把你抚养成为一个全面发展而且能和先进科技"和平共处"的男子汉。希望你能自觉遵守而不是被动地受约束。如果你不能做到以下18条规定的话,我只能将这部苹果手机收回。

1.首先要声明的一点是,这部苹果手机是我的,是我买的这部苹果智能手机。现在我将这部手机借给你使用。妈妈是不是很伟大？

2.我在任何时候都有权知道这部苹果手机的密码。

3.如果手机响了就接听，这毕竟是一部手机。接听电话时要注意礼貌。如果来电显示是妈妈或者爸爸，你更要接电话。不可以忽略妈妈和爸爸打来的电话，绝对不允许有这种情况发生。

4.在有课的时候，每晚7点半要及时将手机交给妈妈或者爸爸，周末放假可以在晚上9点交。晚上我们会将手机关机，在第二天早上7点半开机。在给你的同学打电话时一定要尊重别人家的生活方式。如果你希望身边的同学或者朋友尊重我们的家庭，那你首先要从自身做起。

5.不准带手机去学校。如果你需要和别人通过手机联系，能打电话就别发短信，这是生活的基本技巧。

6.如果手机掉马桶里、掉地上或者丢了，你必须对因此而产生的维修或者购买新手机费用负责。你可以割草坪、照顾小孩来挣钱，也可以将父母给你的零花钱攒起来。上面我说到的情况发生的概率很大，所以你要提前做好准备。

7.不允许使用科技伎俩来撒谎或者欺骗别人，不准用手机说一些伤害别人的话。

8.如果有些话你不想当面或者在电话上和别人说清楚，不准通过手机来发短信、电子邮件等方式表达。

9.如果有些事你不能在家里和父母说的话，更不许通过手机发短信、邮件等方式向别人表达。首先要从自身找原因。

10.不准用手机浏览色情信息。只能搜索那些你可以在父母面前拿得出手的问题和信息。如果你有什么问题的话，最好当面向人请教，尤其是向妈妈或者爸爸请教。

11.在公共场合要么关机，要么调成静音放起来；特别是在餐

规 则

馆、影院或者和别人说话的时候。孩子,你是一个非常懂礼貌的人,不要因为这部苹果手机而改变自己。

12.不能发送或者接受带有你(或者他人)身体隐私部位的图片,更不能以此为乐。虽然你很聪明,但是有时候会有人诱惑你这么做;我相信聪明的儿子知道如何拒绝这种人。一旦你这么做了,你很有可能会毁掉你的大好年华,甚至你未来的大学生活。网络实际上要比你想象的复杂。有些事情一旦发生了就很难去挽救,尤其是那种能败坏人名声的事情。

13.不能用苹果手机录制特别多的图片或者视频资料,其实你根本没有必要把生活中的每一件事情都记录下来。好好过自己的生活,这些都会存在你的记忆当中的。

14.外出的时候把手机留在家里是一种安全而又明智的决定。这毕竟是一部手机,不是你生活的全部。学着过一种不带手机的生活,这样你就会比那些社交控、微博控更强大,因为你能够坦然地过一种没有手机和网络的生活。

15.尽量下载一些新鲜的或者经典的音乐,不要和你的同龄人一样都听相同的歌曲。你们这一代人对音乐的接触要比人类历史上任何一代都方便,所以妈妈希望你能够利用这个机会来拓宽自己的视野。

16.时不时地玩一些单词游戏或者脑筋急转弯等益智游戏,这对提高你的智力有帮助。

17.要对现实生活充满兴趣,注意身边发生的事情,倾听小鸟的叫声,时常出去散步或者和陌生人谈话,要对现实世界充满好奇。

18.如果你因为这部苹果手机而将自己的学习或者生活搞得一团糟的话,我会将这部手机收回。我们会就这个问题坐下来好好谈谈,然后我们再重新开始。请你记住,我亲爱的孩子,妈妈和你都在学习，我是你团队的一员，我们永远会在一起的。

我希望以上这些条款你能够同意。实际上这份合同里面所列的注意事项不仅仅适用于这部苹果手机，也适用于我们的日常生活。现在你生活在一个快速发展而且充满变革的世界。妈妈相信你有着强大的意志力，相信你不会沉迷于这部苹果手机。爱你，我亲爱的儿子。节日快乐！希望你能喜欢这款很棒的苹果手机。

霍夫曼在让孩子接触最新科技的同时还不忘注重对孩子的人格教育，让孩子在玩的同时能够理解什么是责任感。其实，为孩子购买手机的父母都应该与孩子订立一份这样的合约，并坚持执行合约中的每一项条款。虽然这个合同执行起来对父母和孩子而言并不容易，但是孩子在使用手机的时候会学着去承担责任，这才是使用手机的最大价值所在！

在训练孩子遵守规则的过程中，很多时候成人会因为各种原因，临时主动放弃规则。就像农夫C一样，今天认为规则重要，要求孩子遵守规则；明天觉得规则不重要，就放弃规则，甚至主动破坏规则。这样做，只会导致孩子最终无视规则。

我们在根儿很小的时候就教导他"过马路不要闯红灯"。他是一个非常遵守规则的孩子，每次过马路一定要等到绿灯才行动。有一次在等待红灯的时候，由于汽车太少，还没有等到绿灯亮，一些行人就开始穿过马路了。孟爸也准备和这些人一起闯红灯，被根儿拉住了。孟爸说："没有警察，可以走的。"根儿拉着孟爸，坚持等到绿灯亮了才过马路。孟爸当时还有些生气，说根儿太古板，浪费了时间。我赞同根儿的做法，遵守公共秩序是一种美德，也是为了自己的安全，这样的美德和安全意识比起"浪费的几分钟"，谁的价值更高呢？我让孟爸来做这个计算，孟爸这才明白过来。

独　立

给孩子发展独立意识的机会

儿童从一岁半左右就开始发展独立意识，逐渐脱离与母亲的共生关系，他们需要从自己与周围环境的空间和物质关系中，找到"这是我的"，体验到独立自主的感受。这是孩子认知自我的发展历程。

根儿很小就有自己的餐具，每次吃饭他很享受使用他独具特色的餐盘。每当他提出要买新餐盘时，我们都支持他——喜爱的餐盘能够激发他的食欲。

根儿4岁时有了自己独立的房间、床、衣橱、书柜。在他的房间里，他可以在墙上、门上、柜子上张贴他喜欢的任何东西，这让根儿真正享受自己的空间。

从根儿2岁左右开始，每次乘坐公交车或公共汽车，我都要为他购买车票，让他具有独立的座位，而不是坐在我的腿上，这样让我们俩都很享受旅途的时光。

在一次乘飞机的时候，我们的座位被分开了。工作人员发现我带着5岁的根儿时，提出帮助我们把座位调整在一起。我与根儿商量后，根儿说可以不与我坐在一起，他很愿意自己照顾自己。整个旅途中，我看不到根儿，他也没有来找我。这一切都给根儿传递着一个信息：我是一个独立完整的个体！

竞选劳动委员

根儿五年级时，第一次参加了学校少先队大队委员的竞选。他竞选的是劳动委员。在竞选前的两周，参加竞选的学生都忙着准备竞选词，然后请老师或者大队辅导员修正自己的竞选演讲。班主任非常希望根儿能够竞选成功，但看到根儿不紧不慢，老师有些着急，请我关注根儿的准备情况。回到家后我与根儿聊到了这次竞选。

我："你准备竞选什么委员呢？"

根儿："劳动委员。"

我："为什么想到竞选劳动委员呢？"

根儿："我想把学校的卫生搞得好一点，随时保持环境干净，就不用经常大扫除了。"

我觉得根儿的想法很朴实："妈妈支持你，你的竞选稿已经写好了吗？"

根儿："这周太忙了，下周再写。"

我："老师很关心你的竞选，写好竞选稿后，让大队辅导员看一看你的竞选演讲，好吗？"

根儿没有回答我。看他胸有成竹的样子，我决定让他完全独立完成这次竞选。

离竞选还有三天，我找到大队辅导员问根儿演讲情况。辅导员告诉我，根儿没有找过她。我心里有一些紧张，其他参加竞选的孩子都在辅导员那里进行了试演讲，根儿还没有动静。回家后我问根儿，他说自己知道该怎么做。我也就干脆放手不管了，心里坚持着让他独立完成这个过程。

竞选的前一天晚上，根儿突然出现腹痛腹泻，整个晚上基本没有睡觉，我知道他是第一次参加全校竞选，因为紧张导致了这样的情况发生。第二天上午，在全校同学和老师面前，参加竞选的同学一个个上台演讲，我看到其他孩子都精神饱满斗志昂扬，只有根儿面色苍白有气无力地念完了他的竞选词。虽然根儿语言朴实真诚，但是，竞选还是失败了。另一个同学当上了劳动委员。

我与根儿总结了竞选失败的原因，根儿承认自己准备不充分，导致紧张后的身体不适。这次竞选让根儿懂得了任何事情"凡事预则立，不预则废"的道理。

独立照顾自己的生活

2008年，深圳国际交流学院（简称"深国交"）有一个专门为外地学生周末用餐准备的小厨房，每到周末对学生开放，学生可以自己动手做饭吃。学校为学生准备了锅碗瓢盆和电磁炉，供学生周末自己煮饭使用，学生需要自己准备大米油盐酱醋等原料。这个小厨房没有老师管理，由学生自行管理。

周末，学校食堂的员工休息，外卖的口味根儿不喜欢，所以，他决定自己做饭吃。小厨房已经很久没有人使用过，以前使用小厨房的学生留下了很多的垃圾，橱具也很脏，根儿花了几个小时的时间才将小厨房收拾打扫干净，然后到超市购买食材和用料，周末就可以煮饭了。

一个周六的上午，根儿到附近的菜场买了牛肉、洋葱、姜，还买了一些蔬菜，开始在小厨房里做饭吃。忙到中午12点的时候，他打电话问我："妈妈，用电饭煲煮饭时，米与水的比例大致是多少？"我告诉大致他一比一，至此学会了用电饭锅煮饭。直到中午一点钟，根儿在电话里开心地告诉我们："妈妈，我开始吃饭了，我炒的洋葱牛肉好香啊！蔬菜我是白灼的，也很好吃啊！"炒菜是他的拿手，没有在电话里咨询我。周六的下午，根儿到市场买了一斤虾饱餐了一顿。就这样，根儿平时吃学校食堂，周末就自己动手。好在他在家里已经练就了厨房手艺，让他在周末能够犒劳自己了。

一些与根儿一样的外地同学，偶尔也加入到周末小厨房里。他们分工协作，经济上实行AA制，愉快地分享根儿的手艺，根儿也与同学建立了友情。后来，一些同学也来到小厨房煮饭。少数同学使用了厨房之后，不洗锅，也不清洁厨房，每次根儿煮饭都要做厨房大扫除，这让他很不爽。最后，根儿不再做饭了。

根儿成为厨艺社团负责人后，小厨房被用来做厨艺社团的实习基地，社团的孩子们在这里学习煮饭、洗菜、切菜、做菜。直到学校扩招后，小厨房被改成了学生宿舍，根儿的厨艺社团就此流落到了其他地方。

剑桥大学耶稣学院为学生提供的宿舍里都会有小厨房，供学生自己煮饭。根儿在剑桥大学四年的时间里，只要有时间都自己做饭。虽然大学里有餐厅为学生提供饮食，但他做的饭更适合自己的身体需要。小厨房为根儿的剑桥生活带来了很多美好的记忆。

友　情

与铁板烧师傅的友谊

在昆明一家铁板烧餐厅用餐时,9岁的根儿发现,为我们做菜的师傅很像云南方言剧《东寺街西寺巷》里自称为"帅得想毁容"的毁帅。根儿爱屋及乌,喜欢上了这个师傅,私底下我们也叫他毁帅。每次学校放假后,我们从成都回到昆明,根儿必定要去这家铁板烧餐厅吃饭,而且一定要坐在由毁帅服务的餐桌。

五年过去了,这家餐厅已经发展出多家分店,毁帅也从一个厨师成长为这家餐厅的总厨,他每天都可能在不同的餐厅工作。只要根儿回到昆明,一定要找到毁帅,吃一餐毁帅做的铁板烧。由此,我们常常要开车到多家店寻找毁帅。毁帅也与根儿成为朋友,只要看到根儿来餐厅,作为总厨的他,总是亲自下厨为根儿做铁板烧,让我们非常感动。

根儿考上剑桥大学那年,回到了昆明,他立即去找毁帅,店员告知我们他到北京的总店工作了。刚好我有到北京举办讲座的机会,根儿说要与我一起去北京看望毁帅。我们打听好了毁帅工作的具体地点,出发前毁帅打电话告诉我们,他已经回到了昆明。因为管理多家餐厅,毁帅非常忙碌,也难得与根儿见上一面了。

毁帅从小在农村长大,20岁到昆明打工做厨师,他一直勤奋努力地工作,与他一起到这家餐厅工作的同伴都一一离开,只有他坚持了下来,现在他管理着北京的两家餐厅和昆明的六家餐厅。根儿与毁帅的友情保持了十多年,从毁帅的成长经历,根儿真切地感受到了坚持、勤奋、努力给毁帅带来的成就。他也理解了我常对他说的一句话:"在任何行业或单位,只要你坚持认真努力工作十年,你就会成为这个行业或单位的领头人。"与毁帅的友情让根儿感受到他人对自己的真情实感。我们希望根儿明白:不论我们结交的朋友来自社会的哪一个阶层,他都能够给我们带来生命的启迪和感悟!

经营友情中的困惑

在经营友情的过程中,根儿也会因为不懂得如何与他人成为朋友而受挫。

在深圳上高中期间,根儿把目标指向了剑桥大学,希望自己将来能够进入这所世界名校学习,所以,他的学业考试的压力非常大。有一次,因为过大的学业压力,根儿在家里爆发了剧烈的情绪,他大声哭着,像老虎一样咆哮着:"哇哇哇……我在深圳没有朋友,我不知道怎么才能够和同学交流,我想念成都的同学!哇哇哇……"看着根儿痛苦的样子,我心疼;但我内心有一丝欣慰,欣慰根儿信任我,在他遇到困难的时候,能够完全真实地与我交流。同时,我也懂得青春期的孩子,内心非常需要得到同伴的认同,需要同伴的理解,需要与同伴进行沟通。此时,根儿认为自己没有能够深入交流的好朋友。

我没有制止他的哭喊,我希望他能够在哭喊中发泄压力。根儿哭喊了一阵后,他不再大喊大叫,但是还在流泪哭泣。我开始回应着他:"嗯,妈妈知道你非常想有好朋友。"他继续哭着说:"在成都的时候,我和同学可以讨论作业题目。在这里,没有人和我讨论生物,呜呜呜……"我知道在交友认知方面,根儿还很幼稚,不禁觉得好笑,但我没有笑出来,依然平静地对他说:"儿子啊,朋友不是用来讨论专业问题的啊!朋友是用来聊天的,如果你能够遇到既可以聊天又可以讨论生物的朋友，那可是不容易的啊！妈妈和爸爸结婚多年，我们也不能够讨论性教育的专业话题。至今，我的朋友们都不可能和我讨论性教育的专业话题。"根儿眼神有了变化，似乎有些明白了我说的话，他回应我："妈妈，我感觉好孤独！"我说："当一个人的精神追求比较高的时候，就会感觉到这种孤独感，妈妈有时候也会有你这样的孤独感。有一句话叫'高处不胜寒'，就是指这种状态。"

根儿是个有灵性的孩子，他很快就明白了朋友的含义，也懂得了自己的孤独。看到他已经安静了下来，我继续说："成大事的人都要经历这份孤独，能够承受这样的孤独，才能够完成你做科学家的梦想。其实，很多科学家都非常享受这样的孤独。我也已经学会享受这份孤独了，你也要学会享受，这样的孤独让我们能够幸福地沉醉在自己的事业中！"至今我都非常感激根儿对我的信任，每当他内心痛苦的时候，他就会给予我走进他心灵的机会，让我能够尽力帮助他。

每个孩子的发展会经历不同的进程，有的孩子社交能力发展得早，有的孩子晚，这与孩子的个体差异和环境有着密切的关系。根儿在社交方面的发展起步的确太晚，也与这两个因素有关。从环境来看，从小学到初中，根儿都在传统体制的学校读书，繁重的课业压榨了孩子的心智；同学之间的人际交往空间被考试和作业挤压，紧张而压抑的环境氛围不利于孩子感受到真挚友情带来的快乐。幸运的是，在深国交的环境里，根儿获得了人际交往能力发展的空间和时间，曾经被耽误了的人际发展历程获得了修复的机会，为根儿未来创建和谐美好的人际关系奠定了基础。进入剑桥大学后，根儿很快就与同宿舍的意大利同学成为好朋友；同时，根儿发展了与来自世界各国的同学的友情，他们常常在周末聚会聊天。根儿的性格依然如故，只是，他懂得结交朋友了。

从根儿的成长过程中，我领悟到，孩子在发展中，存在着不平衡的情况。比如，根儿在智商方面的发展完全不用我们操心，然而，在人际交往能力方面的发展却落后于一般孩子，这是不可否认的事实。在根儿的发展上，我再次看到了宇宙平衡法则：上天给你一个长于别人的长处，也要给你一个短于别人的短处。这样，才能够保持平衡。

　　曾经，我认为根儿可以高中阶段住校。现在我才清楚地知道，如果根儿住校，我会失去很多见证他成长的机会，也将失去很多我们共同经历的生活瞬间。这些生活的瞬间铸就了我们永恒的爱，将成为我们共同的美好回忆！

认　真

试管要洗三遍

根儿遗传了孟爸认真务实的风格，做任何事情都非常认真。我常对他说的一句话是："认真是你具有的好品质，你一定不要把他弄丢了！不论你将来做什么职业，有了这个品质，你就能够立足社会。"

根儿上高中期间，在物理和化学实验课上，实验中的每一个步骤他都严格按照老师的要求进行。比如，化学实验中要冲洗试管，老师要求每次使用都必须要冲洗三次，根儿就会坚持冲洗三次，这让他的实验结果非常准确。他曾经笑着告诉我："我们做化学实验时，有老师帮我们换冲洗试管的水，帮我换水的老师最忙最累，我用的水最多。"

有些学生在做实验的时候，洗试管的次数会少于三次，于是，实验结果会出现差异。很多时候，根儿的实验报告中反应的实验结果与标准结果差异不明显。一次，根儿回家后有些委屈地告诉我："妈妈，我每次的化学实验结果都很准确，其他同学的会有一些差异，老师就不相信我的结果是做出来的，他认为我是直接把标准结果写出来的。我不知道怎么才能够让他相信我，如果我不洗干净试管，做出来的数据就会有差异，这样反而老师不会怀疑我了。"我突然想起根儿和我说起过帮他打水的实验员老师，我告诉根儿："妈妈相信你的数据是真实的，如果下次化学老师再次质疑你的实验数据，你可以让他去问一下帮你换水的实验室老师，只有这位老师是亲自见过你每个实验过程的。"根儿眼睛一亮:"对啊,这个老师每次都说我用水最多啊!他可以帮我证明!"我告诉根儿:"你一定要保持洗三次试管的认真劲儿,不论老师是否误解你,只要你是真实地做过每一个实验,就可以找到证据证明自己,最后老师会被你的认真所感动!"

在A1年级的化学国际考试中,有一场是考实验的,国际考试监考非常严格,做实验的每一个步骤都不可能作假。考试结束后根儿告诉我:"有一道实验题一定要洗干净试管,做出来的结果才会正确,否则结果肯定出错。我们考试后对答案,好多同学在这道题上的答案出现了错误,我的答案是对的。"根儿在实验中已经养成了认真执行规则的习惯,久而久之便成为自觉的行为,不论考试时间是否紧张,他都会按照实验标准步骤进行每一个实验;一些同学担心时间不够,就省略了洗试管的次数,于是就出现了答案不准确的情况。

根儿把这种认真劲儿带到了剑桥大学的学习中。在一次实验课结束后,根儿告诉我:"我们今天的实验课中要数蘑菇,做一次实验数一次,我算了一下要数500遍,把我都数晕了。"我相信他能够诚实地完成数500遍蘑菇,他不会少数一遍,因为认真二字已经被植入了他的生命,成为他自觉的行为。

当根儿不能够完成作业的时候

根儿平常的作业不多,一般在一个小时内就能够完成。完成作业后根儿会看书、上网、看憨豆的电影或者看拉姆齐做厨艺的视频节目,11点半左右睡觉。每天晚上他都把时间安排得很好。

一天晚上,根儿与往常一样,晚餐后休息一会儿,便开始做作业了。但是,那天的作业直到9点还没有做完,根儿告诉我明天接着做。第二天,根儿继续做这份作业,直到夜里10点还没有完成。这与以往不同,我决定去关注一下。

来到他的房间，一看他做的作业，我心中一阵惊喜："天啊！这可是一份伟大的作业啊！"作业是在一张有小方桌那么大的一张白纸上进行的，上面有根儿手绘的人体各部分器官结构和工作图，这些结构包括了心脏、肾脏、细胞、精子、卵子、肺脏、气管、牙齿，等等，每一幅图的旁边用英文标注和解释。我按捺不住惊喜："哈哈，你的作业真的让我很震惊，太有水平了！我上医科大学时都没有做出过这样有水平的作业！你在高中的水平已经超过我大学的水平了！"根儿没有理会我的兴奋，他还在因为没有完成作业而生气。我决定和他好好谈谈。

我："老师什么时候布置的作业？"

根儿："昨天布置的，太多了！明天我根本交不出来！"（很生气的样子）

我："还剩下多少？"

根儿："还有好多，这些只是人体的，植物的部分还没有开始做。"

我："那你今天应该多安排一点时间来做啊！"

根儿："我昨天和今天下午已经挤出时间来做了，但还是不能够做完！"

我："其他同学能够做完吗？"

根儿："有同学是直接照着书抄，不花时间思考，这样就可以做完。我是自己思考着写的，就做不完！"

我："妈妈觉得你这样做是对的。作业是为自己而不是为老师做的。不思考就没有意义了。"

根儿生气地大声说："要不我也抄算了！哼！"

我平静地说："如果你也抄，作业失去了本来的意义，还不如不做了。我们花时间要做有意义的事情，千万不要花时间做无意义的事情，那是浪费生命。抄作业的时间还不如用来休息和睡觉，对吧！"

根儿:"那你说怎么办吧?明天要交不出来,老师要发脾气的!"

我:"是哪一位老师来收作业呢?"

根儿:"××老师。"

我:"你可以直接告诉老师,你实在做不完这些作业,请求延期两天交,我认为老师应该同意的。"

根儿:"老师根本不会同意。她这两天脾气不好,平时她也很严格,迟到和不交作业的同学要站在教室后面听课!"根儿认为不完成作业就是犯错误,他不愿成为老师不喜欢的学生。我希望根儿分清楚故意不完成作业和尽力后无法完成的区别,不要认为"不完成作业就不是好孩子",让他对于自己有正面的认同。

我:"我们来分析一下:第一,老师脾气不好可能和她最近的生活和工作有关,不管什么原因,老师对你没有任何成见;第二,你是她的得意门生(这门课根儿常考试第一),在老师眼里你是品学兼优的好学生,你交不出作业一定有原因;第三,你交不出作业并非你故意不完成,这与被罚站听课的同学有本质区别;第四,老师布置这么多作业,她自己心里有数,知道要花很多时间才能够做完,所以她不会强求你的;第五,如果你去告诉老师你还需要一些时间才能够完成,老师会认为你是在尽力完成作业,只是需要更多一点时间,她会更加认可你的。"

我希望根儿明白,老师有要求学生完成作业的权利,学生有为自己的具体情况申辩的权利。根儿应该学会在权威面前如何坚持自己的权利,这是帮助他促进心理力量成长的契机。

根儿生气地大声喊叫:"我一定要在今晚做完!!!"

我平静地:"好吧。现在你可以有两个选择:一个是继续做完;一个是现在洗澡睡觉,明天去和老师说延期交作业。其实老师也是人,不是老虎,她会通情达理的,你只要把情况和老师说明,老师不会吃了你吧。"

根儿:"我要做到明天早上!!!(发怒、敲打桌子)我做到明天早上也做不完！！！"

我："好吧！你可以坚持自己的选择。如果你做到明天早上也做不完，那你太亏了，结果都是做不完，反正都要被批评，还不如睡足了觉再去受老师的批评，这样可以把损失减半啊！现在已经很晚了，我要洗澡睡觉去了。"

根儿不说话，开始埋头做作业。我心里想着：如果他要坚持做一晚上的作业，我也不管他，让他自己承受选择的后果。等我洗完澡出来，看到他已经躺在沙发上看电视，一副放松平静的样子，刚才的怒气已经不见了踪影。我心里暗暗好笑，没敢笑出来。我问："你不做作业了？"他笑着轻松地回答："明天再说吧！"然后我们像往常一样，互道晚安，安静地睡觉了。后来，根儿被老师允许下周一再交作业，多给了他三天的时间。周末的时候，他努力继续完成那份作业。

我很庆幸自己来到深圳陪伴根儿读书。虽然他已经进入高中阶段，还是需要得到我们的帮助。这种帮助不是吃喝拉撒和监督学业，而是帮助他内心建构起处理矛盾的清晰思维和精神力量，这是他进入成人社会的必要准备。如果让根儿独自住校，我便失去了帮助他的机会。在孩子的成长中，父母帮助他们的机会不多，幸运的是我没有错过！

理　性

教会孩子如何去爱这个世界

根儿在成都上学期间，我们经常到位于春熙路的伊藤洋华堂购物。这是一家日本人开的商场，因为存在那段历史，每年的纪念日，就会有很多年轻人聚集在伊藤洋华堂前进行抗议活动。根儿10岁那年，曾经目睹了这样的抗议活动。我们没有给根儿讲解日本人多坏，我不希望在根儿幼小的心灵中植入对某个民族的恨，那会让他的心胸狭隘，我更愿意教会孩子如何去爱这个世界。

上海世博会期间，一个5岁的中国男孩与家人在排队等待游览的时候，与一家日本人相遇了。日本家庭的男孩与中国男孩一般大。中国男孩知道这是个日本孩子后，上前就把毫无防备的5岁日本男孩打翻在地，日本男孩哭了，而打人的中国男孩得意地看着妈妈："我打了日本鬼子！"这个妈妈在讲述这件事情的时候，也兴奋地认为自己的孩子终于懂得憎恨日本人了。

根儿19岁时，我们一起来到南京大屠杀纪念馆参观。看到了那个年代的日本人对中国人民犯下的罪行，我提出了一个问题让根儿思考："为什么小小的日本，会在偌大的中国大开杀戒，让国人血流成河？"只有当我们开始用理性反思历史，才会懂得当年的痛苦和耻辱源于何处。反思不等于忘记历史，更不等于放弃尊严，知耻而后勇才是那次灾难留给我们的真正价值。我希

理 性

望根儿在这段历史中真正明白一个中国人基本的责任：国家强盛，匹夫有责！

2012年，发生了钓鱼岛事件，很多国人对日本品牌的餐厅、汽车、商店进行打砸，甚至将开日本车的中国人打成了重伤。根儿看了这些报道后，对我说："妈妈，这些中国人打砸的汽车是中国人的血汗钱买的，他们打的也是中国人，他们打砸的餐厅和商店也是中国人打工挣钱的地方，这种暴力的行为直接伤害到的是中国人啊！他们用伤害自己同胞的方式来表达对日本的仇恨，这种做法是愚昧的！"我回应根儿："是啊，我们可以用很多方式来表达我们的爱国热情，比如生产出世界上最好的汽车，不让地沟油流向餐桌，不在牛奶里添加三聚氰胺，不污染我们生存的环境……但是，不可以用伤害他人的方式来表达自己的爱国热情！"我希望根儿能够明白什么是真正的爱国行为。

弹劾老师

根儿进入深国交读高中后，班里的同学因为不满意英语老师的教学水平，他们自发地组织起来联名写信给校长，要求换老师。

我问根儿是否参加了联名弹劾的行动。他把自己的思考和判断告诉了我："我觉得老师和我们刚开始接触，需要时间来相互适应。她的确是有几次对我们提出的问题回答不清楚，所以同学觉得她水平不够。我也看了联名信，我觉得写得有些也太过了，所以我没有签名。"

我对根儿说："你们可以先和老师交流，提出你们对教学的意见和需要，让老师了解你们的诉求，也许老师还是能够做好的。"

这是根儿第一次经历弹劾老师的事件，他表现出来的理性和宽容，让我感觉到了他的成熟。

为他人服务

第一次当班长的心理压力

根儿刚上小学一年级两个月,一天,放学回家后,哭着大声对我说:"妈妈,我不要当班长,呜呜……"我不知道发生了什么事情,问他之后才明白,原来,当天下午班主任老师宣布他为班长,他不愿意接受这个任务。我问他为什么不愿意当班长。根儿哭着说:"呜呜……如果我当不好班长,谢老师就会批评我,就像前面两个班长一样,被取消当班长!"我告诉他:"原来的两个班长和你都是第一次做班长,每个人在第一次当班长时,都会有做不好的时候,只要你尽力做,谢老师就不会批评你。即使谢老师认为你做得不够好,换其他同学来当班长,你在妈妈眼里还是个好孩子!"根儿不再哭闹。我问他知不知道班长要做些什么事情。他说知道一些。我鼓励他多问谢老师,尽力做好工作就是。

第二天,我到学校找到了谢老师,把根儿当班长的心理压力告诉了她。谢老师笑着说:"哈哈,难怪昨天我宣布根屹当班长,请他站起来接受全班同学鼓掌欢迎,他一直不愿意站起来,原来是有压力啊!"谢老师发现根儿做事踏实,学习认真,热心帮助同学,于是把班上最调皮的一个男孩安排与根儿同桌,根儿对这个男孩很耐心,常常督促他完成作业,因此,谢老师认为根儿能够做好班长的工作。我希望谢老师在根儿工作不到位的时候多多指点和帮助他,谢老师让我放心。

根儿接受班长的工作后,我一直给他灌输服务的理念:"做班长就是为同学服务,你要做好这个服务员!"根儿的班长工作做得很好,一直没有被撤换,直到二年级结束,我们离开云南。谢老师得知根儿转学后,非常遗憾地说:"根儿离开我们班级可真是一个损失啊!"

三年级时,根儿转学到成都外国语学校附小。根儿参加了班级干部的竞选,因为初到这个班,同学对他不了解,没有选上班级干部。此时,班级的图书角缺乏一个管理员,根儿主动承担了图书管理员的任务。图书角的书都是同学主动捐助,目的是为了同学间相互交流阅读图书。管理员的工作比较繁杂,每天都有同学借书或者还书,根儿要做好每一次借书和还书的记录,清点和整理图书角的书籍。每天放学后,他成了班级里最忙的一个孩子。图书管理员的工作给根儿带来了很大的成就感。他非常兴奋地告诉我:"妈妈,做管理员比当班长还好,可以为同学做很多事情,当班长就没有这么多的事情可做了。"根儿服务他人的意识已经建立,懂得了担任任何职务都是一种责任和服务。

班主任万老师对根儿管理图书角的工作非常满意。一次,万老师和我聊天时,为没有给根儿一官半职,只是让他担任一个小小的管理员感到歉意。我当即对万老师表示:"根儿在这份工作中获得了很多快乐,也学会了踏踏实实地服务同学,这正是我需要的,你就让他好好干吧!你可千万不要换人啊!"万老师答应了我的请求。直到四年级后,根儿被同学选为了班长,才放弃了管理员工作。

竞选食堂工作管理干事

进入深国交的第一周,16岁的根儿参加了班委体育委员的竞选。尽管在与竞选对手两轮PK中,他的幽默获得了同学多次掌声,但最终还是落选了。我在电话中告诉根儿:"你落选的是职务,只要你用心为同学服务,他们会给你机会的。我和爸爸最感到欣慰的是你能够上台演讲，而且是两次！还获得了同学的掌声！我们希望你下次参加竞选的时候要先拟订个竞选提纲。凡事预则立，不预则废！"

之后，他开始到各个社团应聘，参加了学校模拟联合国干事和志愿者宣传干事的竞选，都以失败告终。根儿一共应聘了七个社团都没有成功。每次失败的消息传来，我都给予他鼓励。我曾经想到找班主任刘老师帮帮根儿，给他提供一些参考竞选的意见。我认为根儿太需要一次成功的体验了，但思来想去我还是没有找刘老师，心想如果这学期选不上，就等到下学期，根儿更熟悉环境后再参加竞选。

喜讯终于传来。根儿告诉我凭借他对厨艺的见解和能力，被学生会生活管理部选上当食堂工作管理干事！根儿在电话里兴奋地告诉我："妈妈，我们班只有我和一个女生被选上了。女生进入模拟联合国工作，我管理食堂工作！你知道吗，我们班每个人都报名参加了竞选，不容易被选上啊！"根儿的声音里充满自豪和成功后的幸福。

根儿成为学生会生活管理部干事后，要负责学校小卖部的工作，每周一早上要把货物搬到小卖部里。小卖部的其他工作人员都是女学生，根儿认为自己是小卖部唯一的男人，非常乐意干这些活。我的脑海里常常浮现着这样的画面：每个周一的大清早，一个男人在快乐地往小卖部搬运货物，他在享受他的成功和快乐！

担任生活管理部干事期间，根儿多次认真对食堂提出意见和建议，履行工作职责。一年后，根儿成为这个社团的负责人，他将社团组织成为厨艺社团。社团活动时他会购买食材，给社团成员讲解食物的特性和做美食的方法。有时根儿回家会发出感叹："妈妈，现在的女生连洗菜切菜都不会，我还要教她们如何切黄瓜，如何洗白菜，将来她们结婚后不会做饭怎么办啊？！"在这个社团工作期间，根儿的组织和管理能力才真正成长了起来。

从小学到高中，根儿担任任何班级和学校的干部工作，我和孟爸都没有插过手，我们希望根儿凭借自己的能力争取到为同学服务的机会。当机会出现时，根儿需要独立面对竞争对手；在获得机会后，必须要独立而踏实地做好管理工作，这样才能够学会真正的领导才能。如果由父母插手笼络老师，然后为孩子寻得"一官半职"，美其名曰"给孩子机会"，这不是对孩子真正的帮助。

界限与孝道

根儿12岁时，一次午餐期间，和我谈起了他未来的生活。

根儿："我以后到美国挣了很多钱，要盖一栋大房子，有四层楼，住房一层，健身房一层，厨房一层，有中餐和西餐的厨房，还有一层是自由活动的。"

我："我和爸爸不需要一层楼了，给我们准备一间房就行了。"（我自作多情）

"不行！"根儿很快回答了我，而且很干脆。

我："为什么？"心想他也太不够义气了，我养他到这么大，一间房子都不给我！

根儿："万一我老婆不高兴，我就麻烦了。"天啊！还没有讨老婆，就……我强忍住没有喷饭！

我："我们来美国只住几天，行吗？"我依然想从那栋小洋楼里要一间房间！

根儿："不行。"拒绝得非常彻底！

我："那我和爸爸来美国看你住在哪里呢？"还是自作多情要去他那里！

根儿："住宾馆。"

我："宾馆太贵了，你出钱哈。"

根儿："AA制。"他好像早就想好了，我晕！！！

我："我们是用人民币来消费的，和你的美金AA制，我们出不起怎么办？"

根儿："那我就请你们吧！"还是不让我和孟爸住他家！

我："你请我们住希尔顿酒店？！"想给他一点经济压力。

根儿："可以！"

我："要花好多的钱哦！你出得起吗？"

根儿："你们是不是巴不得我前途一片黯淡，挣不到钱？！"

我："有钱也要节约嘛，我们就住在你家算了。"还是想住梦中的小洋楼。

根儿："婆婆、奶奶都不住我们家，所以你们当然就不能和我住在一起了。生活习惯不一样，你和爸爸又吃不来西餐。"他理由充分，再次拒绝了我的请求！

我："等你有孩子了，我们来帮你带孩子，你就有时间工作挣钱了。"

根儿："不行，你们不会讲英语！"他一本正经，丝毫没有玩笑的意味。

在整个对话的过程中，根儿始终是非常认真的。我败下阵来，转而对孟爸说："老公啊，我们去给他当长工还得先学会说英语！"

孟爸回我："这是你自找的呀！儿子有自己的生活，我们还是自己过自己的日子吧！现在挣点钱，老了就进养老院，不要依靠儿子是最好的，我老了才不去麻烦儿子。"

我问根儿："我们老了你帮我们交养老院的钱，我们进养老院。"

根儿的回答依然干脆："可以！"看来他还是不想我们和他住在一起。

我对孟爸说："看来我们以后就到养老院去吧！乘着年轻多挣钱，以后找个好点的养老院。"

对于12岁的根儿，有如此清晰的界限感，有如此强大的心理力量，令我感到欣慰。为了自己未来的家庭和谐，清楚自己的需要，他已经懂得了拒绝。懂得拒绝意味着有对自己负责任。不懂得拒绝的人，在生活中会有很多剪不断理还乱的麻烦，甚至将自己的生活搞得一团糟。

在根儿被英国剑桥大学录取之后，有一天，他去了一个英语培训机构，回到家里，根儿兴奋地告诉我："妈妈，这个机构里有专门为英语水平零起点的人进行培训，我还专门去咨询了一下。"看到我疑惑的眼神，根儿继续说："我看到一些老人在参加培训，他们是准备到国外居住的，学习的内容也很简单。你和爸爸以后就去参加这个培训，然后，等我在国外安定下来后，你们就可以来和我一起住。学会了英语，你们就可以上街买菜逛商场看展览了，还可以去很多地方玩。到时候我可能很忙，陪你们的时间少，你们一定要去学英语哈！"

我心里充满了对根儿的感激，他那么用心地安排着我和孟爸以后的生活。想到他在12岁那年与我的对话，我忍不住笑了："还记得你小时候说过的话吗？你说担心你老婆不高兴，不让我们去你的家里住。"根儿笑起来："我现在想要你们和我住在一起，一家人其乐融融，等有了老婆再说啊！""你在英国会有好多年的求学，等你将来安排好自己的工作和生活，我和爸爸每年来看一看你。如果你还没有结婚，我们就和你住在一起；如果你已经有了家庭，我们会考虑是否住在你家里。不是你们的原因，而是我和爸爸可能觉得不方便，我们需要有自己独立自由的空间。"

根儿憧憬着未来："我将来会买一座小山，你不是喜欢田园生活吗？你可以养鸡种花，我还想养牛，等我开了一个私家餐馆后，我就用我们养的绿色牛、种的绿色蔬菜，还有你养的鸡来做食材，做出美食来。这样，你和爸爸就不会感到寂寞了，你们有很多事情可以做。""好啊，我希望你的餐厅能够开起来，到时候我和爸爸可以来种菜了！"现在，根儿已经大学毕业，走上了科学研究之路，在他的生活计划中，有了我们的一席之地。

我一直崇尚独立自主的精神，无论我是否养育了儿女，我都应该将自己的生活安排好，而不是想到要依靠他人和儿女。我希望根儿明白：每个人都需要照顾好自己,都应该有照顾好自己的能力。爸爸妈妈有这个能力照顾好自己,他只需要走自己的路,不要因为我们而放弃自己的追求。

我理解的孝道是,根儿能够按照自己的意愿生活,能够照顾好他的家庭,让他的妻子和孩子都幸福地生活,做对社会和人类有益的工作。在我和孟爸有困难需要他的时候,他力所能及地帮助我们,这就是对我们最大的精神孝敬。我想要的孝敬就是这样的一种孝敬。我想,根儿能够做到!

金　钱　观

钱是付出所得

根儿6岁的时候，开始关注金钱与生活的关系。

那一年，我带他到北京游玩，参观了人民大会堂。

根儿问："妈妈，这个地方是干什么的？"

我："开会用的。"

根儿："江泽民在这儿上班吗？"

我："他有时候在。"

根儿："他的工资多不多？"

我："他是国家主席，工资当然多啦！"

根儿："比你的多吗？"

我："应该比我多一些，他要管的事情也比我多啊！"

根儿："哦。"

我希望根儿明白，人的收入与付出是成正比的，多劳就会多得。

钱与幸福感

根儿10岁的时候，班里有个女孩常常将家底告之同学。一天，我与根儿就金钱与幸福进行了一次对话。

根儿:"妈妈,珠珠的妈妈在俄罗斯做生意,每个月挣100万,她一个月的零花钱就有几百元。你一个月挣多少钱呢?"听得出来,他很羡慕女同学的妈妈能够挣很多很多的钱。

我:"我每个月能够挣两千元。俄罗斯是很远的地方,如果我要到很远的地方去挣很多的钱,就不能够陪你在这里上学了。珠珠的妈妈是不是能像我一样每天陪着珠珠呢?"

根儿:"不是,她爸爸妈妈很少来看她,周末她也不能回家,只有留校。"

我:"你愿不愿意像她那样留校呢?"

根儿:"不愿意!"

我:"我们家的钱虽然没有珠珠家的多,但我们能够吃饱穿暖,你想吃什么我也可以买给你,你还可以每天见到我,我天天陪你。珠珠的爸爸妈妈虽然能够挣很多钱,但不能来陪她,她更想要的不是钱,而是和爸爸妈妈在一起的那种幸福。"

根儿沉默一阵之后,说:"妈妈,我们家不缺幸福,就是缺钱!"

孩子之间会有攀比。我想让根儿明白,虽然他一周没有几百元的零花钱,但他所拥有的幸福比女孩多,他拥有的幸福感比拥有的金钱更重要。

钱与名利

根儿12岁参加了我在成都购书中心举行的《成长与性》签名售书活动。活动中,根儿接受了电视台记者的采访,他沉着稳重地回答了记者的提问。采访结束后记者才知道根儿是我的孩子。因为签售活动涉及了儿童的性教育,所以引起了很多媒体的关注,成都各大报纸、电视台都做了报道。根儿也看了这些报道,却不如我和孟爸兴奋。

活动过去了半个月,根儿开始对此事发表看法了。

根儿:"妈妈,我觉得你出名没有什么意思。"

我:"怎么讲呢?"

根儿:"你只有名,又没有挣到钱。"

我:"有名不好吗?"

根儿:"你太不实际了,挣钱才是最重要的,因为我们家很需要钱呀!"

我:"我们家里不缺吃少穿,你在最好的学校读书。儿子,你觉得有多少钱才算有钱呢?"

根儿:"要有很多很多,一百万、一千万,我用不完!"

我:"你要想有用不完的钱,只能够你自己去挣。世界上最有钱的人是比尔·盖茨,他自己创业,不要爸爸妈妈给他的钱。如果你希望爸爸妈妈挣很多的钱给你是不可能的,我们挣不了那么多,我们挣下的钱能够供你生活和上学,等你大学毕业后以后就应该自食其力了。如果大学毕业了还要我们的钱来养活你,那就是你的耻辱,我和爸爸也不会这样做。"

根儿:"大学毕业后我会养活自己的,我只是希望我们家有很多的钱!"

我:"想了解妈妈的想法吗?我也希望我能够挣一百万、一千万。如果我有那么多的钱,我就能够做很多事情了,但我现在挣不到那么多的钱,没有一百万、一千万,我们还是要寻找自己的快乐和幸福。所以我还是非常乐意做我现在做的事情,因为我能够帮助很多孩子和他们的爸爸妈妈。有时候,人的幸福和快乐不是因为钱多或钱少,而是内心是否满足。你长大了就能够懂妈妈的话了。"

根儿:"反正我觉得要挣很多钱才是重要的!"

我:"我也同意你的说法。但是,挣钱多少才能够让自己满足,可能每个人的看法不一样。我现在虽然挣钱不多,但我觉得自己很满足,我对自己也很满意,对自己做的工作也感觉快乐,有激情,这些感觉与钱的多少没有关系啊！"

或许，12岁的根儿对金钱有着自己的理解。孟爸认为根儿对钱感兴趣不是坏事。我们的生活离不开金钱，对生活的思考也包括了对金钱的思考。重要的是，我们在与孩子交流的时候，如何将我们对金钱的价值观传递给孩子。我想让根儿知道，钱能够给我们带来许多物质和精神的满足，能够帮助我们实现自己许多的愿望。然而，金钱不是唯一能够给我们带来内心满足与幸福的方式，人最重要的是要有获得幸福的能力，否则，钱再多，也会不幸福。或许，根儿现在还不懂得这些，但他长大以后会明白的。

钱应该为人的幸福感服务

根儿19岁那一年的夏天，我们一起去上海。朋友为我们预定了夜游黄浦江的项目。下午出发前，根儿坚持洗澡，换上干净的衣服和长裤。他第一次去看浦江两岸的美景，想象着船上五星级般的布置和美食自助餐，抱着非常正式的心情，我们前往夜游浦江的大船。

到了船上之后，自助餐的形式让我们始料不及：服务人员刚把食物放在用餐台上，所有的人一拥而上，像难民抢饭一般，几个装食物的盆子立刻空了。我和根儿坐在餐桌旁边傻了眼："妈妈，我不想在这儿吃饭了。"和我们相邻的四个外国人也是目瞪口呆地看着抢饭的人群。我忍不住了，找到站在食物台边的工作人员，请他们维持一下秩序，起码让大家排队取食物。工作人员看了我一眼："中国人就这样，我们也没有办法！我们这儿每天都这样！"我和根儿无法在这样的氛围中进餐，我们离开了餐厅。

我希望看夜景的过程能够弥补我们对这次夜游浦江的期望。来到船舷的地方，我们发现在船尾处有一个楼梯，能够直达船的第二层，这个地方有一个露天小包间，可以有最好的视角看浦江夜景。但是，要进入这个露天包间，每人需要另外付费30元。根儿觉得太贵，不愿意。

此时，我认为我们此行的目的就是要享受浦江夜景的美，如果多花费60元，我们就能够达到目的；否则，节省了这60元钱，之前付出的几百元就浪费了，更浪费的还有我们的快乐心情和时间。我把想法告诉了根儿，最后，我们进入了这个船上最好的位置。浦江两岸的美丽夜景让我们忘却了餐厅里的烦恼，我们度过了一个美好的夜晚。我希望根儿明白，金钱是用来为我们服务的，在力所能及的范围内，不要因为金钱而舍弃生活中快乐的点点滴滴，更不要为了物质，而放弃精神享受。

剑桥大学毕业后，在思考人生未来的生命状态时，根儿对我说："妈妈，我觉得你现在生活得很好啊，你能够帮助到那么多的人，我将来也想成为你这样的人！"我笑着回应："可是，妈妈不能够挣很多很多钱啊，每天还要辛苦工作很长时间啊！"根儿认真地说："你不需要挣很多钱，你现在挣的钱可以保证你的生活。重要的是，你的内心很快乐，你活得有价值，我也要活得有价值，不要很多很多钱。将来，我可以不追求名车豪宅，我也不买奢侈品用，但我的精神一定要快乐。"

在对于金钱的认知上，我们一直以来的态度就是，钱是为人服务的，人不可以成为金钱的奴隶。对于获取金钱的态度，我们一直以来保持着"只要认真努力工作，就能够养活自己；只要有一技之长，就会获得生存的空间"。对于金钱与幸福的关系，我的理解是：当生命本身具有了幸福感，金钱可以为这份幸福增添色彩；如果生命本身不具备幸福感，金钱也无法让生命幸福。这些观念已经被植入了根儿的价值观中。对于根儿来说，追求生命的幸福感已经超越了他对金钱的欲望，这是他的人生观，也是我希望他拥有的人生观。

接纳自己

哭吧，儿子！

根儿进入深国交的第一个学期，学校安排了新生的军训。他与同学们一起离开了校园，来到了军训的营地。当时我正在北京讲课，孟爸来电话说儿子病了，让我给根儿打个电话。

我立即给根儿电话，以为他只是一个小感冒，没有想到在电话那头，根儿声音颤抖，上气不接下气，带着哭声告诉我："妈妈，我站不起来了，头昏耳鸣，不停地流眼泪和鼻涕，唔唔唔……现在正扶着楼梯往医务室去找医生。"我明显感觉到他在抽泣，心被揪了起来。

进一步了解后得知，在昨天的军训结束联欢会上，他的座位离音响很近，吵得他很难受，于是，今天就出现这样的情况了。我冷静地让他先请校医看看有没有什么问题，十分钟后我再给他电话。这一天是周末，同学都回家了，宿舍里只有根儿一人。我担心他出现晕倒或者其他突发情况，立即打电话给班主任刘老师，希望有值班的生活老师在当晚和根儿一起睡觉。班主任和生活老师知道这一情况后也立即做好了安排，这让我放心不少。十分钟后，我再次给根儿电话，他已经回到宿舍躺下，医生说没有大问题，休息一下就好了。我开始仔细询问根儿军训的情况，他的情绪变得非常激动，歇斯底里，带着哭声："军训营地的住宿条件太糟糕了，我身上被蚊子叮咬了50多个大包。晚上不开空调，我差点被闷死。吃不饱，饭菜不好，唔唔唔……唔唔唔……"

我终于明白了根儿的"病情"：不是生理的，而是心理问题。刚离开了我们的照顾，来到深圳住校，经历了军训的艰苦，周末的寂寞和孤独，这一切是他"闹病"的原因，我的心也放下了。听着他似乎在憋住哭声，我告诉他："妈妈知道你现在很难受，想哭就大声哭出来吧，痛痛快快地哭，反正宿舍里也没有其他人，哭出来你会好受一些！"根儿在电话里大叫："我没有哭，只是在流眼泪！军训的时候，教官整天让我们做那些弱智的动作，枯燥烦人。没有洗澡的地方，我都三天没有洗澡了，没有换内裤，身上有臭味，唔……唔……"我安静地听他哭诉，尽情地发泄了十分钟后，他的情绪慢慢平静了下来。我告诉他："军训已经过去了，现在，你安静地躺在床上，什么也不用想，闭上眼睛，跟着妈妈一起来做深呼吸，开始吸气……呼气……吸气……呼气……连续做十组深呼吸，就可以让你的心情平静下来。十分钟后我给你电话，你现在开始做深呼吸吧！"十分钟后，我给根儿电话，他已经平静了下来，接电话的时候他正在喝牛奶："我已经好多了，头也不晕了，也不流眼泪鼻涕，我想去洗个澡。"我告诉他："如果头不晕就可以洗澡了，要洗快一点，如果不舒服要马上出来，防止晕倒在卫生间，因为没有人在宿舍帮你。"根儿轻松地答应着，我的心完全放下来了。

我想让根儿明白：男人可以哭。哭是人类宣泄自己情感的一种方式，哭不代表男人软弱，会调节情绪并能让情绪尽快康复的男人才是坚强的男人。根儿在成长为一个坚强男人的过程中，需要得到我们的帮助和支持。在这次经历中，根儿感受到了亲人的关怀和帮助，获得这样的情感支持能够让他的内心变得温暖而坚强，这是他情绪恢复的重要原因。同时，根儿也学会了如何给予他人情感支持，这便是身教的结果。

如果我在接到他的电话后，只是告诉他："你要坚强，要适应环境，其他学生都可以过来，你为什么会哭鼻子？男人不可以流眼泪……"如此空洞的说教只会让孩子感受到冷酷和无助，他们需要成人具体的指导，帮助自己学会调节情绪，而不是一通训斥或羞辱。成人的羞辱和训斥只会让孩子变得压抑、暴躁，不会帮助孩子发展调节情绪的能力。

身高与智高

进入青春期的根儿，开始了自我认同的心理发展阶段，从外表开始的自我认同让他感觉到了苦恼——身高不挺拔。

初中毕业的时候，根儿的同桌长到了一米八，他却不到一米七。我宽慰他："有些孩子长得早，有些要长得晚一点，不用着急，你会长高的！"

到深国交后，他依然是班级里身材最矮小的几个同学之一。每天放学回家后，我们聊天的话题几乎都涉及身高的问题。孟爸看到根儿为身高发愁，觉得这是青春期孩子正常的心理过程："儿子现在的状态非常好，如果他在传统学校，每天的学业压力让他喘不过气来，他的心理发展就不会这样顺畅。如果他这个年龄不关注自己的外表，我才会担心！"

面对根儿为身高陷入焦虑之中，我们也没有更好的办法来帮助他，只有在他主动与我们聊到这个话题的时候，我们便积极应对。我和孟爸耐心地等待着这场成长风暴的结束，我记录下了与根儿关于身高的几次重要交流。

交流1：宇宙平衡的法则

高一下半学期后，根儿对自己身高的关注已经不再停留话语中，他开始变得焦虑，几乎每天都会抱怨自己的身高。晚上洗澡后，他会认真地照镜子，边照边抱怨自己的腿没有长直，抱怨我们的遗传缺陷。每次他这样做的时候，我就有一句没一句地接话，让他宣泄着情绪。我也给自己留出了时间来思考，如何帮助他走出身高的心理困境。

一次午餐时的聊天中，根儿谈到了这个话题。我对他说："我们给你的遗传可能真的有缺陷，你的身高或许真的长不到一米八，这不是我们的错。我们也希望你能够长到一米八，让你看上去英俊潇洒，然而，这或许再也无法实现了。我们给你的遗传也有很多好的地方，比如你的智商那么高，在这一点上你应该要表扬我和爸爸啊！造物主需要平衡这个世界，赋予了你过人智慧的同时，也给了你不尽人意的地方，这就是宇宙的平衡法则嘛！如果你什么都占完了，让我们这些平凡的人怎么活啊！"

根儿显得不服气："世界上有既长得帅又富有才华的科学家，学校里也有才貌双全的同学啊，造物主怎么就偏爱那些人呢？！"

交流2：爱情

根儿如此在乎自己的身高，是否与他喜欢上了某个女孩有关呢？一般来说，男孩在喜欢上某个女孩之后，会很在乎自己的外表形象的。为此，我也与他进行了坦诚的交流。

我："是不是有女孩喜欢你，或者你喜欢上了一个女孩，你才那么在乎身高？"

"我这么矮，谁会喜欢我呢？我们班的女生都喜欢一米九的！"根儿带着一丝自卑感回答。

我："如果女生只有一米五，她也要喜欢一米九的男孩？这个差距也太大了嘛！"

根儿："反正没有人喜欢我这么矮的男生！"

我："如果女孩找男朋友只以身高作为标准，那这样的女孩一定不是智慧的女孩，智慧的女孩看重的是男孩的品质和才华嘛！"

根儿："在我们学校，智慧和才华没有用，家里有再多的钱也没有用，成绩好也没有用，只有个子高长得帅才会被女孩喜欢！"

我大笑起来，的确，在这个年龄的孩子，他们处于物质条件优越的家庭，喜欢异性的标准就是要养眼，在朋友面前才有底气。

接纳自己

我："你会与女同学们就某个话题聊天吗？"

根儿："她们会来问我一些数学或者化学的题目，我会告诉她们解题的方法。"

我："有没有经常来问你的女生呢？"

根儿："也有，但是我给她们讲了，她们还是不会做。真不知道是怎么回事情，就像你一样永远做不来奥数题一样。"

从他平日的表现来看，根儿还真的没有发生恋情。其实，我非常希望他能够在高中阶段产生一段爱情，女孩真的喜欢上他，这段情感会给根儿带来太多的成长，最重要的是让根儿发现自己的男性魅力，增加自己的自信心。非常遗憾的是，直到现在，根儿还没有遇上爱情。

根儿的同学大都进入了爱情的季节，眼看着光棍队伍越来越小。有时候，根儿会告诉我同学谈恋爱的一些情节：

"××同学开始谈恋爱了，现在他已经没有时间和我们一起玩了。很多男生都这样，谈恋爱就没有时间和我们在一起了！"

我回应："是啊，恋爱中的男孩就是喜欢和自己的恋人在一起。要不怎么叫恋人呢？"

"今天有个男生失恋了，在寝室里大哭，还用头去撞墙。不过他不会把自己撞伤的，看起来他很伤心啊！我们都劝他，他还是哭！"

我回应："哦，男孩失恋也会很伤心的。"

"我们班有一对，男生好辛苦哦。每天都要帮那个女生抱着书，把女生送进教室上课后，他才急忙到自己的教室上课，我觉得他谈恋爱谈得太累了！"

我回应："也许他会有些累，但他可能更感觉幸福吧！如果男孩爱上了一个女孩，会为她付出很多很多，这种付出让男孩感觉到被女孩接纳，这会让他感觉到很快乐。"

"妈妈，我有一次太傻了，有几个男同学要约着一起去吃饭，我也主动要求参加。结果，到了餐厅里吃饭的时候，我才知道他们都是已经有了女朋友的。这次聚会主要是交流恋爱经验，我在那儿好尴尬啊，我没有经验啊！难怪我要求参加他们聚会的时候，他们没有拒绝我，但我总觉得他们看我的眼神有些怪，不像平时的样子。"

我回应："哈哈，你的同学太好了，他们没有拒绝你，是想让你学习一些追求女孩的经验啊！他们需要你也早点加入谈恋爱的队伍吧！"

交流3：智慧的巨人

我们与根儿很多关键的话题都是在午餐聊天时进行，这次也不例外。

根儿："妈妈，我们英语老师（英国人）说他的弟弟17岁，已经要长到两米了。"

我："西方人的人种和我们不一样吧！"

根儿："英国人怎么那么高，我为什么不长到一米八呢？以后我去英国就像一个小矮人一样，他们都那么高，唉！！！"

我："在高高的人群里，你一个小矮人，多引人注目啊！英国人会说：'看这个智慧的小矮人！'"（根儿大笑）你要记住，无论你的长相如何，只要你对人类有所贡献，人们就不会因为你的身高忽视你。他们会尊重你，爱你！"

孟爸："对于男人来说，智慧的高度要比身高的高度更加重要。在我们眼里你是独一无二的，将来你实现了科学家的梦想，研究出了治疗艾滋病的药，人类因为你的研究而获得了健康，你就是世界巨人了！邓小平比你还矮吧，他是世界级的政治巨人；坐在轮椅里的霍金先生是世界级的科学巨人；NBA里的也有一米六几的体育巨星。记住爸爸的话，你会像他们一样，成为世界的巨人！"

根儿参加了剑桥大学面试后，他告诉我们："在大学餐厅排队取餐的时候，我的前后都是高出了我一个头的西方人，感觉自己就像小人国来的一样,和他们讲话头要后仰90度,他们也要低头90度,累人啊!"

我回应道:"将来与高个子同学聊天,你们不要站着讲话啦,坐下来聊天就没有这样累。将来你会用对人类的贡献来赢得他们的仰视!"

交流4:突破

已经18岁的根儿不知道自己的身高是否还能够增加。在挣扎了两年之后,他提出要去做骨龄检测,确定一下自己是否还能够长高。

根儿:"妈妈,我想去测一下骨龄,看我还能不能够长高。"

我:"检测出骨龄后会有两个结果:一个是你还有希望继续长高;一个是你的生长基本定型了,不会再长了。你确定要做吗?"

根儿坚定地:"我要做,如果医生说我不会再长高了,我就接受这个现实,不再纠结了!"

那是一个国庆节,我们一家三口一起去了深圳儿童医院放射科进行检查。我和孟爸准备与根儿共同面对检查结果。检查结果是根儿不希望看到的,他用了一周的时间来接受这个结果。之后,他只是偶尔穿着校裤照镜子,不再听到他抱怨我和孟爸的遗传了。临近期中考试时,他为自己定下了年级第一的目标。这与他以往的风格完全不同,他从来没有主动对自己的考试制定过目标。或许,这是孟爸"做智慧的高人"的理论对他产生了影响。

为了让自己的体形健美,根儿积极参加体育锻炼。每天下午4点半放学后,根儿都活跃在体育场上,除了打乒乓球、篮球,他还坚持举哑铃,后来又在校外参加了散打训练。虽然根儿的身高只有一米七,但他宽宽的肩膀和结实的肌肉,让他的身体充满了力量之美。

根儿慢慢地接纳了自己的身高。一天,他看到了介绍尼安德特人的资料,就像找到了自己同类一般,笑着告诉我:"妈妈,我可能就是尼安德特人了。这个人种生活在20万~30万年前,是我们的祖先。他们的特点是腿短,身高也就我这样,脑袋大,比较聪明,吃肉厉害,这些特点我都符合了，我就是返祖的尼安德特人。"后来，他给自己取名尼安德特虎，轻松的自嘲反映了根儿对自己的接纳和认同。

根儿的成长经历让我恍然大悟：每晚照镜子、抱怨我们的遗传不佳、对自己的身高生气、参加体育锻炼、检测骨龄、自嘲为尼安德特人……每一个看似幼稚过程，都是根儿在主动尝试解决问题的方式。他从发泄情绪到勇敢面对骨龄检测结果，不仅获得了心理力量的成长，还获得了解决问题能力的成长。当孩子出现成长问题的时候，这是上帝给我们机会帮助孩子的时候。当我们不知道该如何帮助的时候，我们要做到的是倾听他的心声，积极地交流和耐心平静地等待，最重要的是坚信孩子具有自我成长的能力！

一直以为我的家族身高不错，所以从来没有担心过根儿的身高，每每看到一些服装店挂着的时髦T恤衫，就对孟爸说："你这辈子都不适合穿这样的时髦衣服，儿子将来长到一米八，穿上这些T恤衫会帅呆酷毙的，迷倒一群女孩！"对于根儿的身高，我和孟爸首先接纳了，因为，他是我们的儿子！

曾经，一位经常看我博客的朋友来到了我的家里，她第一次看到根儿，悄悄地对我说："我在博客里对他有很多了解，但是，他的外表的确不是我想象的那样帅气。如果我的孩子长得不漂亮，我可能很难接受。"我笑着回应："不管他是否帅气，他都是我的儿子！"

在养育根儿的近二十年里，我们利用生活中的每一次教机，为根儿的精神品质的小格子里，建构一项又一项的优秀品质，希望他未来的人格能够有更多健康的元素，希望他的人生格局能够因此而高远。我相信，无论根儿未来从事怎样的工作，他的生命都会因为这些高贵品质的注入，而被人尊重！

Chapter 3
道德品质建构需要尊重人性

道德教育要符合人类生命发展规律，才是对人类天性的尊重。不尊重人类天性的道德教育，不能够为个体建构真正的道德。

什么是道德

道德不是空洞的说教或者一些教条。"道"是指道理、真理、原则、规律,主要是指某种客观的外在要求和法则;"德"则是指人们依道而行的后果,主要指人们感情心理体验和实践效果。"道德"是指认识某种原则规律后,自觉依道而行,对人对己都有意义的思想和行为。①

人类的群居特性决定了人类要制定道德规范,用以限制和管理个体的思想和行为,达成社会和谐稳定,以便人类能够更好地生存和发展。这是人类社会道德形成的初衷,也是人们愿意遵守道德的原始动力。然而,人类的道德思想和行为不是天生就存在于其生命中,需要后天的教化,以帮助个体建构起社会道德。

从儿童时期,人类道德的教化行为就开始了。

道德的建构一定要在符合人类心理发展规律的基础上进行。道德的建构过程是一个伴随儿童成长的过程,按照儿童每个年龄阶段所发展起来的认知能力和控制能力,帮助儿童逐步建构符合道德的思想和行为。在这个过程中,"父母和教师应该在儿童成熟的力量与文化适应之间求得合理平衡"②。对于"合理的平衡",我的理解是,在帮助儿童建构道德的过程中,不可以违背儿童心理和认知发展规律,即人的本性,不能够用成人的道德水准来衡量儿童时期不成熟的道德思想和行为,成人要帮助儿童进行道德建构。

---

① 安云凤.性伦理学新论[M].北京:首都师范大学出版社,2002:13
② 王振宇.儿童心理发展理论[M].上海:华东师范大学出版社,2000:34

道德品质的建构需要遵循道德发展规律

"孔融让梨"的故事

我们先来看一下"孔融让梨"的故事。

东汉鲁国（今山东曲阜），有个名叫孔融的孩子，十分聪明，也非常懂事。孔融有五个哥哥和一个弟弟，兄弟七人相处得十分融洽。有一天，孔融的妈妈买来许多梨，一盘梨放在桌子上，哥哥们让四岁的孔融和最小的弟弟先拿。

孔融看了看盘子中的梨，发现有大有小。他不挑好的，不拣大的，只拿了一只最小的梨，津津有味地吃了起来。爸爸看见孔融的行为，心里很高兴，心想：别看这孩子刚刚四岁，却懂得应该把好的东西留给别人的道理。于是他故意问孔融："盘子里这么多的梨，又让你先拿，你为什么不拿大的，只拿一个最小的呢？"

孔融回答说："我年纪小，应该拿个最小的，大的应该留给哥哥吃。"

爸爸接着问道："你弟弟不是比你还要小吗？照你这么说，他应该拿最小的一个才对呀？"

孔融说："我比弟弟大，我是哥哥，我应该把大的留给弟弟吃。"

爸爸听他这么说，哈哈大笑道："好孩子，好孩子，你真是一个好孩子，以后一定会很有出息。"

这个故事在中国家喻户晓，父母和老师都常用这个故事来教育孩子要懂得谦让。

如果你是孔融，你会怎么做

2012年的一天，这个故事与一个三年级小学生在语文考试中相遇了。这是2012年网络上流传的学生试卷，这个学生不愿意像孔融一样选择小的梨，于是他在试卷中表达了自己的意愿"我不会让梨"，结果老师判定他错了。

老师以什么标准来判定孩子的回答是错误的呢？如果是语文考试，孩子没有错别字，也不存在语法错误，表达也是准确的，不应该判定孩子的答案有错误。显然，这道题目考的是孩子的道德水平。孔融的道德成为考生的道德标准。像孔融一样选择最小的梨，就是道德合格的学生，这个答案才是老师需要和满意的标准答案。

人类道德发展经历的六个阶段

美国心理学家劳伦斯·柯尔伯格将道德发展分为六个阶段，并同时指出道德的发展是持续终身的。在道德发展中，大致可以根据孩子年龄来划分道德发展的步骤。

前期阶段

6岁前孩子的道德发展处于这个阶段，前期阶段又分为两步进行：

第一步：惩罚和服从的定位。孩子在3岁前经历这一步的发展。这个时期的孩子还不具备根本意义上的道德观念，他们为了获得父母的认可和接纳，为了获得更大的生存机会，选择了服从父母的意志。

第二步：对有益者的定位。3岁以后的孩子，自我认知发展进入了重要的阶段，对"我"的认知开始清晰起来。因此，他生存的首要目的就是使自己的愿望达成，获得更有利的生存空间，只关注自己是否得到更多的利益。

4岁的孔融就处于这个发展阶段。在这个时期，儿童的本能让孔融在任何情况下都会以自己的利益为重，这也是儿童阶段的本我呈现。面对物质的选择，他们会做出对自己最有利的选择。孔融在面对一盘梨时，选择了最小的梨，我们可以理解为这个最小的梨是孔融最喜欢的，孔融并没有觉得大梨比小梨好，这是他做出的最有利的选择。

然而，当初孔融因为喜欢那个小梨而做出的选择，却被爸爸夸耀："好孩子，好孩子，你真是一个好孩子，以后一定会很有出息。"孔融的这个行为被爸爸绑架到了一个道德的标杆上，也被后来的成人按照自己的道德需要，编造了这个违背儿童心理发展的道德故事。

在中华五千年的文明历史中，创造了无数灿烂的文明，留下了《论语》《孟子》《劝学篇》《师说》等诸多深含教育智慧的名著名篇名句，但同时也缺失了对儿童成长规律的研究、尊重和敬畏，才让这个不符合儿童心理发展规律的故事流传到了千年后的今天，并且奉为经典。

普通阶段

小学阶段孩子的道德发展大致处于这个阶段，在此阶段孩子进一步意识到被群体接纳的重要性。这个阶段也分为两步：

第一步：从众定位。个体关注其他人赞成或反对的态度，保持与周围社会角色的和谐一致。孩子为了获得群体中他人的认可和接纳，努力使自己的行为迎合别人的评价，因此孩子会自动迎合主流规则。这些规则是成人一直以来不断告诫孩子的，比如要爱护小弟弟，要谦让小弟弟。

随着孩子的成长，道德教育开始抑制儿童的本我。他们希望成为像父母和老师所期待的那样，做一个道德高尚的人，这是孩子内心的超我。然而，孩子很难做到纯粹的超我。为了在群体中能够更好地生存，孩子需要在本我和超我之间找到平衡，抑制和调整自己本我的部分欲望，遵守群体规则和道德，做到既能够让父母接纳和欣赏，又让自己的部分欲望能够满足，这样一种平衡状态就是孩子的自我。

孔融的哥哥们正处于这个阶段，哥哥们让孔融先挑选梨子，这样的行为能够获得父母的赞许。如果和弟弟争执，哥哥们可能会被父母责罚。所以，哥哥们为了自己的心理需要和生存的需要，用道德约束着自己的行为。

第二步：法律和规则定位。孩子们已经知道了在生活中有很多规定和约束，他们非常明白遵守规则会获得表扬，反之会受到批评或者惩罚。一部分孩子会对约束进行反抗。

规则阶段

中学时期的孩子处于这个阶段，他们思考公众认可的一些道德价值，并提出自己的质疑，有了自己的思想。这个阶段也分为两步：

第一步：社会反叛定位。这个阶段是青春期孩子进入发展自我的时期，他们努力寻求个人的权利，同时也为自己的举动感到不安，因为他们仍然想获得社会和父母的一致认可，这让他们陷入矛盾之中，由此孩子出现反叛的行为。

第二步：伦理规则定位。孩子成年后进入了这个阶段的道德发展，他们已经学会了选择伦理学上的规则去面对事物。他们甚至能够通过自身的努力推进社会道德价值的进步，但并不是每个人都能够进入这个道德层面的。

随着孔融的成长，他经历了道德发展的六个阶段。到达第六阶段的道德水准后，孔融会以人类的伦理去面对选梨，他认为自己比弟弟大，应该将大的梨留给弟弟，自己选择最小的，此时让梨是出自他内心的需要，呈现出来的道德才是真道德，而不是伪道德。

由此，我们得知了人类个体道德形成的进阶：服从父母意志——以达成自己的愿望为首要目的——迎合大众主流规则——对规则的服从，否则受到惩戒——思考和反叛规则阶段——学会选择伦理学上的规则去面对事物。这是人类道德发展必须经历的每一个阶段，不可以跨越式发展。

然而，在孔融让梨的故事中，孔融的道德直接从幼年阶段的"以达成自己的愿望为首要目的"飞跃到了"选择伦理学上的规则去面对事物"阶段，大大超越了4岁孔融的心理和道德发展进阶。在故事中，面对爸爸的提问，孔融应答自如："我年纪小，应该拿个最小的，大的留给哥哥吃。""我比弟弟大，我是哥哥，我应该把大的留给弟弟吃。"一个4岁的孩子能够如此流利地使用人类伦理学上的规则，圆滑地迎合着爸爸的意图，表达着自己的高尚，这样的桥段除了成人的胡编乱造，不可能真实地发生在一个4岁孩子身上。假如真有一个4岁孩子能够如孔融一般作答，必定经过了成人反复训练，这并非4岁孩子真实的道德水准，这是成人违背儿童心理发展规律和道德发展进阶的行为。

什么是"伪道德"

对三年级小学生语文试题的思考

当个体真实的道德发展程度与其用语言和行为表达的道德水准不一致时，表达出来的道德行为就是伪装过的，我称之为"伪道德"。

就像4岁的孔融，他的道德发展处于4岁阶段，而他的道德行为表达却已经到了成人阶段。孔融在选梨时呈现的道德并不符合他的心理发展规律，此时，孔融选梨时的道德行为就是伪装过的。一旦伪道德形成，这个孩子的道德建构就被破坏了。

在我们看到的这份三年级语文试卷中，答题学生的年龄在8～9岁左右，他的道德发展大致应该处于第三阶段，即迎合主流规则阶段。如果孩子的教养环境中缺失了对孩子规则的要求，可能这个孩子的道德发展还处于第二阶段，即以满足自己欲望为主。从孩子的回答"我不会让梨"来看，他可能正处于第二阶段道德发展时期。不过，孩子的答案符合了他真实意愿的表达，他还不懂得或者不愿意迎合老师的需要。

在这道试题中，老师拔高了对8～9岁孩子道德的要求。参加考试的孩子们，其中有一部分已经懂得迎合老师的意图，他们明知道自己内心不会像孔融那样让梨，但是，为了考试的分数，会把答案写成"我会让梨"。答案呈现了虚高的"伪道德"，违背了孩子心理和道德发展的规律，却被老师判定为正确。当教育者违背孩子心理发展规律，把孩子的道德标准悬空在孩子当下无法企及的高度，孩子只能违心地迎合老师才能够被成人接纳，而符合孩子心理发展的答案却被判定为错误，这是多么可怕的道德教育模式！孩子的伪道德便在这样的教育生态环境中培养起来了。

孔融让梨这道试题，学生在作答的时候，会呈现出孩子的品质：一类孩子忠于内心，表里如一，心里想着不愿意让梨，写出的答案也是"我不会让梨"；另一类孩子口是心非，表里不一，迎合他人对自己的道德要求，心里想着不愿意让梨，写出的答案是"我会让梨"。我们究竟要从这道试题中培养孩子怎样的品质呢？当我们用试卷来考核孩子的道德，给予孩子的将是伪道德教育。伪道德教育渗透在了我们的文化中，浸染着每一个人。

2012年发生了"小月月事件"。当小月月被第一辆汽车碾压后，司机开车逃离；第二辆车再次碾压小月月，第二个司机也开车逃离；在路过小月月身边的18个路人中，没有一个人把小月月扶起或者打电话报警求救。如果这是一张考卷上的试题，做试题的是经历这次事件的两个司机和18位路人，让他们回答"见到被汽车碾压的小月月该怎么办"，我相信，没有人会回答"熟视无睹"或者"离开"，他们的答案一定会凸显自己高尚的道德情操。

伪道德教育在我们的传统文化中持续了上千年，我们在不知不觉中传承着伪道德教育的各种方法，却从不知其危害。伪道德教育破坏了个体的自我同一性，扰乱了个体对自身道德的认知，让个体的内心想法与外在行为无法统一，口是心非，说一套做一套，知行不合一。而由此导致了社会道德被伪道德破坏，整个社会的道德水准处于一个低下状态。

规则是建构道德品质的必经之路

如果我们把个体的道德建构比喻为修建一座桥梁,幼年早期的"满足自己需要"为桥梁的A端,"学会选择伦理学上的规则去面对事物"的高尚道德品质为桥梁的C端。道德发展的进阶告诉我们,从A点到达C点,中间必须要经历一个"对规则的服从,否则受到惩戒"的阶段B。如果缺失了B这个阶段,个体的道德建构就不能够达到C点,而只能够停留在A点。

孩子幼年就开始学习"不随地吐痰""不乱扔垃圾""不闯红灯",但是,我们现在看到很多人都在闯红灯、随地吐痰、乱扔垃圾。为什么贯穿孩子幼儿园、小学、中学都在进行的教育,还是没有让孩子学会"选择伦理学上的规则去面对事物"呢?根本的原因是在孩子的道德建构体系中,我们缺乏了"对规则的服从,否则受到惩戒"的道德发展阶段。人们知道不可以随地吐痰,但随地吐痰并不会被处罚,所以,"不随地吐痰"的道德品质就不能够被建构起来。如此,我们对个体经历了从幼儿园到大学,甚至更长时间的道德教育,但人们的道德建构大都停留在了前期阶段。一个人的道德建构需要家庭、学校和社会共同进行,需要教育与规则共同实施,其中,法律是帮助人们形成道德行为的重要途径。

如果一个社会的法制存在重大缺陷,大众的道德建构必定普遍处于道德发展的前期阶段——生存的首要目的就是使自己的愿望达成,这将是一个人人为己的自私社会。在这种道德生态环境中成长起来的孩子,又如何能够建构起"选择伦理学上的规则去面对事物"的道德水准呢?

在新加坡，随地吐痰者将会被处罚，这会让随地吐痰者损失一大笔钱。权衡利弊之后，人们会选择遵守规则来避免经济损失，长此以往，习惯便成为自然，人们养成了不随地吐痰的美德。然后，每个人都从自己的美德中收获到了生存的好环境，于是，人们从内心深处自觉选择个人的行为符合社会大众利益。此时，他们的道德就达到了"选择伦理学上的规则去面对事物"的水准，整个社会的风气让我们感到了他们是一个"有道德水准"的社会。

新加坡的法律帮助大众搭建了从道德的A点到达C点的桥梁，提升了整个人群的道德水准。很多国家，都会用法律法规来帮助人们建构有利于社会和人类的道德，这是我们需要学习和借鉴的。

让道德教育回归人性的本质

"舍己为公"的故事

在我上小学的时候,草原英雄小姐妹的故事深入每一个孩子的内心。当年,尚未成年的草原小姐妹为了保护公社的羊群,在暴风雪中被冻坏了双腿,落下了终身残疾。当年的教育让我们觉得小姐妹为了羊群冻坏双腿是多么的光荣,即使是终身残疾也是多么的幸福。多年以后,我成人了,偶然间在媒体上看到了当年保护公社羊群的小姐妹,她们已经是中年妇人,依靠政府的补助过着困窘的生活。儿时想象中小姐妹"无上光荣"的人生和如今现实的差距,让我猛然间清醒,也让我开始反思在"舍己为公"的教育中,我们缺失了什么。

根儿就读的小学学校里,教学楼一楼的长廊上挂着很多名人的画像。其中被挂在正中央的是一幅未成年小英雄的照片,他为了抢救木材,在扑灭山火时壮烈牺牲。这幅画被挂在教学楼的入口处,是为了让孩子们要学习小英雄"舍己为公"的精神。每天我和根儿进入教学楼都能够看到这幅小英雄的画像,它刺激着我思考如何帮助根儿建构生命比木材重要的价值观。

在我们的道德教育传统模式中,常常用这样的故事来给孩子建构"舍己为公"的道德概念,这给未成年的孩子建构了错误的生命价值观。他们会误认为公共或者他人的财物比自己的生命还重要,在危险降临的时候,可以用自己的健康和生命来换取公共财物的安全,这样才是道德高尚的体现。这就是"舍己为公"的道德教育误区。在我们几千年的文明史中,缺失了敬畏个体生命的文明,而凸显的是牺牲个体利益乃至生命不足惜的观念,这种牺牲被祭奠在了道德的圣坛上,让人们顶礼膜拜。然而,这样的价值观违背了生命至高无上的理念,作为母亲,我不希望根儿尚未成年就被祭奠在道德的圣坛上。

"舍己为人"的误区导致了根儿一次危险的行为。根儿读小学四年级的时候,有一天放学回家后,一脸自豪地告诉我:"妈妈,我今天翻到窗户外面去帮同学捡钢笔。"他看着我,眼神里有渴望被我赞许的目光。我很惊讶平时温和的根儿怎么会有这样的行为,问他:"你的教室在二楼,翻出窗户是非常危险的啊!"根儿说:"窗子外面有一楼的遮雨屋檐,所以我不会掉下去的。""但是那个屋檐是斜坡的啊,很容易滑落就跌下去了,那会很危险的!""我知道,我紧紧地抓住窗户的边缘。""同学的钢笔掉下去了,他自己怎么没有翻窗去捡呢?""妈妈,是我主动帮他的。"我明白了根儿的意图,他希望做一个乐于助人的孩子并得到大家的认可。

此时,我觉得应该澄清根儿的误区了。我们一起坐在沙发上,我非常认真地告诉根儿:"你想做一个乐于助人的好孩子,妈妈支持。但是,你今天帮助同学的方式给你带来了生命危险,这是妈妈不赞同的。同学的钢笔没有了可以再买。如果你的生命没有了,爸爸妈妈就永远失去你了。无论我们做什么事情,前提是不可以用自己的生命冒险,这是最重要的。以后不可以再做这样危险的事情了。"

我重新为根儿解读了那些小英雄们的故事。草原小姐妹放羊的时候遇到了暴风雪,首先要保护好自己的生命,放弃羊群,想办法回家报信,让成年人来处理羊群的事情。在扑灭山火的时候,要审时度势,判断自己的生命是否处于危险中,如果有危险要迅速撤离,让消防队去处理山火的问题,不要因为与山火搏斗而失去生命;树木被烧了来年会发出新芽,而一旦人失去生命,就不会再活过来。

教会孩子珍惜生命不是一句空话。父母一定要把珍惜生命的方式点点滴滴植入孩子的内心,孩子才会在遇到具体情况的时候,做出正确的选择。

"带病坚持"的故事

我在学校做校医期间,一个五年级的男孩发烧,体温高达39℃。我打电话给男孩的妈妈,希望她把孩子接回家治疗和休息,结果妈妈带了一些药来交给我们,还告诉孩子:"要坚持学习,克服困难,不能够因为生病就耽误了课程!"然后离开了。孩子的眼里满是绝望,眼泪流了下来。他怕我看见,转过身擦掉了,然后带着决绝的口气对我说:"将来她老了,她也有生病的时候,我也会这样来对待她的!"我没有说什么,只是心疼孩子。因为是寄宿制学校,孩子们周末才能够回家,这个男孩还要在学校待上几天。

曾经看到过一篇报道,一个成绩非常优异的中国男孩,考入了美国一所著名大学。一次,他的同学和女友连续几天联系不上他,只好报警。当警察打开他的房门时,发现趴在书桌上的男孩已经死亡几天了,死亡之前还看书学习。经过尸检才知道,他是因为感冒,没有注意休息和治疗,引发了心肌炎,并发心功能衰竭。夺走这个男孩生命的不是这场感冒,而是他从小被灌输的"带病坚持学习才是好孩子"的理念。这样的理念建构了他对生命错误的价值观,这个错误的价值观让他失去了保护生命的理智。

我的父母是医生,上学期间只要我生病,妈妈就让我在家里休息,不去学校上课。当我做了母亲后,传承了我母亲的做法。如果根儿生病,我一定让他在家里休息，直到他自己认为不需要休息了，他才去上课。根儿只要恢复健康，觉得自己身体可以支撑学习时，他会即刻回到学校。

有一天，曾经照顾我们生活的董姐对我说："你真的是个好妈妈！"我问她为什么这样说。她告诉我："以前，我儿子发高烧到39℃都被我们逼着去学校上课，担心他的成绩受到影响。我们也希望他不要太娇气，生病了也要坚持上学。"我问："孩子如果发热这么严重，他坐在教室里能够有好的学习效果吗？"董姐说："他无论怎样总是可以听一些内容吧！看到你对根儿的做法，我才发现我们当时做错了。"

这次交流没过几天，董姐12岁的侄儿感冒发热，被父亲送到学校参加为期三天的军训。当时正值8月的夏天，天气炎热。董姐的侄儿参加了半天军训后就倒床不起了。董姐问我怎么办，我让她给老师请假后把孩子接来我家里休息。我打电话告诉孩子的父亲，父亲认为带病坚持军训可以培养孩子吃苦耐劳、不怕困难的意志，所以，他们才把生病的孩子送到了学校。经过一番讨论，孩子在我家里直到恢复健康才回到学校上课。

现实中，父母和老师都会告诉孩子"要珍惜生命，健康第一"，但是，当孩子生病的时候，父母和老师将健康置于学业和军训之下，要求孩子坚持上课，坚持军训。这种做法让孩子错误地认为课程和军训比健康还重要，这就是"带病坚持"的道德教育误区。无论我们培养孩子怎样的意志和品质，都不可以让孩子付出健康的代价，更不能够帮助孩子建构错误的生命价值观。如果我们只是给孩子讲"要珍惜生命"，孩子不会明白什么才是珍惜生命的行为。只有当孩子生病的时候，我们让他休息，恢复了健康才能够学习和工作，孩子才会懂得如何保护自己的健康和生命。

随着根儿的长大，我们常常会就生命的问题进行讨论。这些讨论都建立在新闻媒体报道的事件上，因为有真实的案例，讨论不会陷入空洞的套话上。比如，媒体报道了一个工作人员连续工作36个小时不休息，最后因为劳累过度而猝死的事件。我会告诉根儿，无论做什么工作，当自己感觉身体不支的时候，一定要休息，必要的时候可以违抗命令；不可以为了工作而累死，这样做太不值得，也是对自己和家庭不负责任。生病了不要硬扛着，更不要因为工作而耽误治疗。工作永远都做不完，而生命却只有一次。保持健康的身体你就可以继续工作很多年，这样做才是对自己和家庭负责任。媒体往往从赞赏的角度报道某某带病坚持工作这样的行为，虽然事迹感人，但这是对大众生命价值观的误导。我不希望根儿受到这般误导，我希望根儿能够从这些故事（事故）中学会对生命的价值做出更加正确和清晰的判断。

在我们的文化中，对于人性和生命或许需要更多的思考。很多被媒体宣传的"先进模范"人物，被塑造成"带病坚持工作"的榜样。我们来思考一下，如果单位缺少这个患病的人就会垮掉，那么，这个单位还不如早点关门，让这个得病的人恢复健康后，再来完成他的工作，没有必要让他累死或病死在岗位上；如果患病的人离开工作去治疗，单位的工作只需要适当调整就能够正常运转，他就没有必要坚持到病死在岗位上。媒体出于一种固化需要的宣传，扭曲了我们对于生命的价值观，误导了一代又一代的中国人，给无数的家庭带来了不必要的痛苦和灾难。

"舍己救人"的故事

司马光砸缸救出溺水小伙伴的故事，一直流传到今天，从中我们可以看到古人对孩子进行道德教育的智慧。司马光没有冒着生命危险跳入缸中，而是想办法砸缸放水救人，这样有勇有谋的救人方式，让司马光保护了自己的生命，同时还挽救了同伴的生命。

在现行的道德教育模式中，教育者把职业人尽职尽责的道德标准强加于未成年人的道德建构中，为未成年人植入"舍己救人"的道德因素和勇气，却没有将职业人的技能教给孩子们，导致孩子遭遇生命危险。这就是"舍己救人"道德教育的误区。比如，为扑灭山火而牺牲的小英雄，如果成人之前教过他在扑灭山火时预测危险的技能，他就能够判断出什么情况下应该撤离，而不是只凭成人教给他的"舍己"之勇与山火搏斗，做出无谓牺牲。未成年人受教育的权利包含了从教育中获得正确而智慧的生存方式。成人对未成年人进行"有勇无谋"的道德建构，让孩子们缺失了具有智慧的道德行为，这是对未成年人权益的侵害。有勇无谋的道德行为很有可能让他们付出生命的代价。

我不希望根儿成为此类道德的牺牲品，我希望他具有充满智慧的道德行为。

在根儿10岁的时候，成都发生了一起事件：一名大学生为救起一个连续三次自杀的老人献出了生命。这是老人的第三次自杀，大学生的游泳技术一般，无法救起一个坚持自杀的老人。看了这篇媒体的报道，我与根儿一起讨论这个大学生的行为，我希望根儿明白，你的生命与被救人的生命一样的宝贵，当你要救人的时候，一定要估量一下自己救人的能力，不要做无谓的牺牲。

根儿15岁的时候，发生了三个大学生跳进河里救人牺牲，被追认为烈士的事件。我告诉根儿，这三个大学生在没有确认自己安全的情况下就下水救人，这是缺乏智慧的道德行为；只有勇气没有智慧是对自己生命的不负责任。尽管他们获得了荣誉，然而，再多的荣誉也换不回失去的生命，也抚不平妈妈失去孩子的伤痛！

根儿19岁时，媒体报道了两个大学生在发现友人落水后，立即呼救，并在短时间内找来绳子分别绑住两人的身体，一个大学生在岸上，一个下水救人，互相保护，最后救起了落水的人，他们自己也安然无恙。这两个大学生智慧的道德行为，让根儿明白了什么是有勇有谋的道德行为。

我希望帮助根儿建构正确的生命价值观，建构未来职业的价值观。我要根儿明白，在你还没有满18岁之前，你是未成年人，你的首要责任是保护好自己的生命。如果遇到有人求救，你可以帮助这个人呼救，打电话报警，叫成年人来帮助。你要尽力而为，但不可以盲目采取行动。

在你成年之后，如果你只是一介平民，当有人遇到危险的时候，你在报警和呼救的同时，组织在场的人，大家一起来救人。如果你要跳进水里救人，一定要有人在岸上用一些措施保护你的安全；如果有人要跳进水里，那么你要组织人在岸上采取保护救人者安全的措施。如果你们没有安全措施，切莫贸然地用你们的生命去做无谓的牺牲。

如果你将来的职业是警察、军人、救火队员等，救人是你的职责。这个时候你要义不容辞地救起那些落水的、被火围困的、处在危险中的人，这是你作为职业人的基本道德。作为职业中人，你应该努力练就自己的职业技能，在执行任务的时候才能尽最大的能力帮助他人，同时有能力保护自己。如果你在执行任务时，为救人而牺牲了自己，那你一定是尽了自己最大的努力，虽然妈妈会很难过，但也会为你感到骄傲。

"儿子，爸爸、妈妈希望你能够好好地、智慧地活着，过着健康而平凡的一生！"这是我对根儿的千叮万嘱！

反思"道德楷模"

人类的道德建构必须在尊重人性的基础上，才能够真正帮助人们形成积极正面的价值观；反之，违背了人性的道德就是伪（假）道德。如果社会为了某种需要树立起伪道德的楷模人物，给大众带来了错误的价值导向，就会贻害社会道德体系的建构。

"修身、齐家、治国、平天下"，这是古人的智慧，它告诉了我们一个简单的道理：修好个人之身，担起家庭之责，然后才有可能"治国、平天下"。然而，现实中所树立的道德楷模却不是这么回事儿，他们拒绝担负起家庭的责任，直接做起了"平天下"之事。我们通过两个故事来反思：社会大众需要怎样的道德楷模？

歌手的故事

F是某城市的一位民间歌手，他用自己唱歌挣来的钱，资助了两百多位山区贫困孩子读书。在他患上癌症后，依然四处演唱挣钱寄给这些贫困的孩子，帮助他们上学，直到因病去世。F的行为被媒体宣传后，被树立成了道德楷模。

然而，媒体经过调查后发现，F的家庭状况十分窘迫。F有一个7岁的孩子，和F的妻子住在租来的房子里，家徒四壁，只有一张床，没有桌子，连一台电视机都没有。由于妻子没有固定工作，家里的经济非常紧张。F的妻子流着眼泪告诉记者："孩子上学交学费都没有钱，F根本不管孩子，也不给钱交学费。"后来，妻子多次要求F承担家庭责任，但被F拒绝了。最后，妻子与F离婚。

医生的故事

在媒体的宣扬中，这位40多岁的女医生是一位感动了全中国人民的人物。在表彰女医生的言辞中我们了解到，她没有给12岁的女儿煮过一顿饭，没有去学校接送过女儿一次，没有参加过女儿一次家长会，没有陪女儿逛过一次街。她每天都在女儿睡醒之前离开家，去为当地人看病；每天深夜回家，女儿已经睡下，就连周末和节假日都不休息；女儿生病了都无法照顾，照顾女儿的重任一直是爸爸在承担着。

如果这位女医生没有家庭，"修身"之后，直接利用自己的才能"平天下"，无可厚非。然而，她有女儿有丈夫有家庭，"齐家"的责任尚未担当，便去"平天下"，让女儿在缺失母爱的环境中成长了12年。孩子对母爱的体验来源于生活的细节之中：每天能够看到妈妈，吃到妈妈做的饭，与妈妈聊聊自己的小心事，一个温情的拥抱……这个女孩缺失了12年的母爱体验，从女孩的心理发展来说，会留下怎样的缺憾？当我们把一个孩子带来这个世界，就意味着我们要对孩子的身心健康发展负起责任，而这个责任与女医生的职业责任具有同等的分量！

作为道德楷模的歌手与医生，他们的善举会得到社会的赞誉和颂扬，但他们对家庭的失职已无法挽回。家庭是社会的细胞，如果大部分的细胞都出了问题，这个社会还会是健康和谐的吗？当一个社会树立起一个道德楷模时，不能忽略楷模对家庭的责任。

每一年我们都会看到媒体在为大众树立"感动中国"的道德楷模，然而，我们更希望看到被树立的楷模是一个既"齐家"有方，又能够担"平天下"之大任的楷模，这样的楷模对于整个社会道德的建构才具有积极的学习和参照意义。

孩子生命发展的契机和权益

对于过早承担起家庭责任的孩子，社会舆论都报以极大的赞誉。媒体也从来没有断过对"最美少年""最美孝心少年"的报道：

德州3岁女孩担负起照顾爸爸的责任，因为爸爸瘫痪，妈妈已经离开了这个家。平日里，她们的生活有爷爷奶奶照顾；爷爷奶奶外出打工时，她要照顾爸爸。在电视里，我们看到她用电磁炉为爸爸煮方便面，抱起大大的热水瓶为爸爸倒热水喝，在与自己齐高的水缸边打水给爸爸洗脸……

因为一场意外，父亲的双眼失明，母亲离家出走，爷爷中风在床，只有奶奶能够照顾家人。在这样的情况下，4岁女孩承担起了照顾盲人父亲的责任。父亲三次自杀都被小女孩发现。6岁左右，她开始在爸爸的按摩店帮忙，和爸爸一起做按摩店卫生；到菜场买菜，然后洗菜切菜做饭……

因为父亲患癌症，妈妈离家出走，深圳5岁女孩担负起了照顾爸爸的重任。她为爸爸洗衣服，为爸爸抹药，为爸爸做饭……

妈妈患尿毒症之后，父亲为了家庭生计，不得不外出打工。这个湖南女孩从6岁开始，每天放学后捡破烂卖钱，还要照顾重病卧床的妈妈。她表示要一直捡垃圾，用卖来的钱为妈妈治病……

母亲去世，父亲因为意外事故瘫痪，河南14岁女孩只好辍学，每天用捡垃圾卖来的钱维持一家人生计，还要照顾瘫痪的父亲和年幼的妹妹……

广东18岁女孩，7岁失去母亲之后，就担负起了照顾多病的父亲的责任。她说："我很少吃饭，只是煮粥喝，没有菜吃。父亲有病也没有钱买药吃，我找过大队的领导，他们说无法帮助我。我和父亲每个月只有100元钱生活费……"

电影《背着爸爸去上学》讲述了一个男孩生活在极端贫困的家庭，失去母亲之后，他与爸爸和姐姐相依为命。姐姐嫁人后，男孩刻苦读书考上了大学，然而就在此时，父亲干活时摔伤，不幸瘫痪在床。父亲不愿拖累孩子，决定结束自己的生命，被救之后，男孩决定背着爸爸上学。

……

在这些报道中，我们反复听到的一句赞美就是"孩子很懂事，他们很小就坚强地承担起了照顾家庭和父母的责任"。在我们的传统中，孩子完全承担起社会和成人的责任——养活家人，照顾成人，这个孩子仿佛就成了同龄人中的英雄和榜样，被社会大肆宣传，大加褒赏。这种文化现象源自我们的文化传统中，缺失了真正保障孩子的权益的传统。当我们在赞美这些孩子的付出时，我们是否知道，儿童对家庭责任的完全承担是对儿童生命发展的剥夺，是对儿童发展权利的蔑视和践踏！

　　3岁女孩用电磁炉给爸爸煮方便面会被烫伤，可能还会有生命危险，她的安全没有得到保证，甚至面临生命危险；4岁女孩几次发现并救下自杀的父亲，幼小的心灵过早地经历了死亡的威胁，安全感的建构被破坏；5岁女孩本该在幼儿园里与小朋友建立友情，这是她未来人际关系能力发展的基础，但是，她因为照顾患癌症的父亲，失去了这样的机会；6岁女孩要为妈妈治病，每天要去捡垃圾攒钱，无法享受到受教育的权利；14岁的女孩本该在学校里享受自己受教育的权利，却因为照顾父亲和妹妹而放弃学业；18岁的广东女孩从7岁就承担了全部家庭责任；李勇背着爸爸上学，与同龄人的生活失之交臂……再多的奖励和赞美，都不可能弥补他们成长中失去的生命发展契机和权利！

　　孩子有自己的成长和发展任务，他们需要竭尽全力完成生命每一个阶段的发展：获得爱、建构安全感、建立同伴友情、完成学业……如果让孩子过早地承担起家庭和社会的责任，那么，他们将没有心力去完成自己的发展任务。心理发展研究表明，如果一个孩子过早地承担了家庭的责任，会导致孩子的不安全感和无助感，不可避免地产生焦虑，将影响孩子的身心健康发展。

　　社会应该建立起真正保护孩子的机制，这样的机制能够保证孩子无论家庭发生怎样的变故，作为未成年人，他们的权利能够得到尊重和保障。这样的保障体现在：孩子不会失去应有的童年，孩子不会失去受教育的权利，孩子不应该承担成人和社会对一个家庭的责任……而社会机制能够完全保护孩子的权利，让孩子尽享自己发展和成长的权利。

　　媒体应该从关怀未成年人身心健康发展的角度，呼吁社会加强未成年人的保护，呼吁社会建立起保障未成年人发展权益。这些承担了全部家庭责任的儿童，他们在经历苦难的人生，需要得到社会健全而持续的帮助体系，让生病卧床的父亲有社会机构来管理，让妈妈的医药费有社会救助，让瘫痪在床的妈妈有社会相关机构的人来照顾，让自己回到学校……他们不需要媒体千篇一律的赞美。

在家庭里，父母对家庭尽职尽责，承担起养育孩子的责任。当家庭遭遇不幸，社会体系能够保障孩子的生存权和发展权。孩子不必承担起照顾整个家庭的责任，他们需要完成自己生命的发展任务，这是和谐社会建构的基础。对于评选"最美孝心少年"之类的活动，我始终认为，不能够把社会保障体系该承担的责任，通过评选"最美孝心少年"转嫁给未成年人，这是违背保护未成年人发展的行为。媒体应该更多地呼吁社会体系对未成年人的保护，呼吁社会应该承担的责任。"最美孝心少年"越少，说明社会对未成年人的权益保障体系越完善，社会才会越来越健康。

Chapter 4

学校教育对孩子人格的影响

让语文教学回归孩子的人格建构

传统语文教学对孩子独立思考精神的破坏

根儿的小学和初中都就读于传统学校,传统的语文教学常常让我感到无语。最让我无法接受的是教学中对孩子独立思考精神的破坏。

在小学三年级以前,语文主要是学习拼音和字词。根儿的语文成绩常常是满分,获得年级第一是家常便饭。三年级以后,语文成绩呈下降的状态。每次考试以后,我会让他把试卷带回家,和他交流考试的情况,讨论那些做错了的题目到底错在什么地方。我发现,根儿被扣分的地方主要是阅读理解和作文。在阅读理解的考试中,几乎全军覆灭,不是零分就是得极少的分数。我冷静思考为什么他的阅读理解答案总是与标准答案不一样。根儿的一句话点醒了我,他说:"妈妈,我无法揣摩到老师到底要什么答案。我读了这段话,我的理解就是这样,为什么写出自己的想法就是零分呢?"是啊,一千个人读《哈姆雷特》,心中就会有一千个哈姆雷特。每个人对一段文字都会有自己的理解,既然是阅读理解,为什么不可以让孩子表达自己对这段话的理解呢?为什么所有考生对一段文字的理解都必须要与出题者保持一致呢?看着根儿在试卷上的答案,我认为他的理解更符合这个年龄阶段的孩子对这段文字的理解和表达。在经历几番这样的思考后,内心萌生了一个大胆的想法——不再用老师给出的成绩评判根儿的语文水平。这个想法一旦形成,我就不会再对根儿的语文成绩焦虑了。

一次语文期末考试后，儿子的成绩依然如故，阅读理解又是零分。根儿告诉我，有一道题是玻璃杯落到地上摔碎了，要组一个词，老师的标准答案是"岁岁平安"。根儿说："杯子都摔碎了，怎么是平安呢？"他组成的词与老师的答案不一样，结果得了零分。在我们讨论了这个组词的事情后，我终于做出了决定，我告诉根儿："以后你的语文成绩由妈妈来定，老师给你的语文成绩，我们只是稍作参考。每次考试后把试卷带回来，我们一起评卷，这类阅读理解和组词的题目，只要你能够对自己的答案做出合理解释，我们就算这道题满分。从现在开始，我们不再看老师给你的语文成绩了。"根儿开心地笑了。从根儿四年级以后，每次语文试卷拿回家后，我给他评出来的成绩都是高分。这种评分方式我们一直坚持到根儿初中毕业。

进入初中以后，根儿的数理化成绩都非常优秀，语文成绩却总是处于中下水平，偶尔才会考一次中等偏上的成绩。有一天，根儿回家后面带笑容，轻松地告诉我："妈妈，我的语文成绩终于考到了班级倒数第一！"我也轻松地笑着回应："恭喜你啦！"对于难以理解的奥数题目，根儿都能够应对自如；他对事物的理解和表达都非常清楚，而且不乏幽默感，怎么能够说根儿的语文不好呢？在我们的内心，早已经把老师给出的语文成绩和根儿的实际水平分离开来了，甚至，我认为老师给根儿的语文成绩越差，根儿的思维被禁锢得越轻，独立思考精神受到的破坏越小。

我心里非常清楚根儿的写作，他的作文永远不会有风花雪月（除非将来爱上一个女孩，发自内心的表达爱，写出这样的情书）。我在与根儿的交流中也和他谈到这个问题，我告诉他只要将来他能够写清楚他的科学实验论文，表达清楚自己想表达的观点就OK了。诺贝尔有文学奖，也有科学类的奖；获得文学奖的人不可能获得科学类的奖，保护好自己的长处才是最重要的。那些风花雪月的作文让那些天生就能够写出来的人去写吧。短处不要花太多精力和时间去弥补，因为再怎么花精力，也不可能超过在风花雪月作文上有天生优势的孩子。于是，根儿对写作文的压力没有了，尽量表达自己的思想是我一直鼓励他的写作方式，我知道这样的作文往往不能够获得老师的青睐，根儿的作文也很难获得老师的欣赏。

在中国现行的传统教育体制下，语文成绩直接关乎孩子的升学，我与所有的父母一样，希望孩子能够考进好的大学。放弃语文成绩意味着每个阶段升学的极大压力，为此我也万分纠结。然而，我想要的是孩子的长远发展，为了成绩而放弃根儿的独立思考，对根儿人格的破坏是摧毁性的，我不甘心根儿独立思考的宝贵品质毁于语文学习的过程中。在权衡了利弊之后，我坚持了两害相权取其轻的原则，决定牺牲语文成绩；因为成绩只是暂时，保全根儿的独立思考精神，这将是根儿受用终身的优秀人格品质。做出这样的选择是我的无奈之举，我盼望着学校能够在任何学科的教育中，保护好孩子的独立思考精神，这是一个人的人格根基。

传统语文教学对孩子诚实品质的破坏

在小学和初中阶段，根儿的作文成绩处于中等偏下。每次周末的作文作业都让他难以忍受，不知道怎么开头，不知道写什么，看着老师布置的作文题目，无从下笔。

我知道根儿的难处，他既想满足老师的需要，又不想写出假大空的文字；既想表达自己真实的想法，又担心老师给分太少。在这样的纠结中，难以下笔。每次见状，我都会告诉根儿："写出自己真实的想法就是好作文。"但根儿是个不愿意成绩太差的孩子，他担心每次作文后老师的评讲会将他的作文作为反面教材。虽然有我的支持，根儿还是尽力地迎合着老师的需要，不敢写出自己真实的想法。甚至，在作文中开始胡编乱造。

四年级时，根儿在一篇《一个关心我的人》作文中，编造了他帮爸爸整理衣服、主动帮爸爸手机充电等情节。我知道他这样写的目的是想获得老师的认可，能够顺利过关，可我看到的却是根儿渐渐丢失了宝贵的品质——诚实。根儿掌握了迎合老师需要的作文套路，他的许多作文都是在胡编乱造，这样的编造可以让他的作文分数高一些。如果在几年的作文中长期编造事实，违心地进行这样的作文，孩子学会了编造事实来应付老师和家长，为了迎合他人的需要而表达不真实的自己，长此以往，孩子会变得阳奉阴违，内心再也找不到真实的自己了。我看在眼里急在心里，但也不能够强行要求根儿不这样写，只有在假期作业的自由作文时，让根儿写出自己真实的感受和观点。

根儿五年级语文期末考试，作文的题目是《战胜自己》。班级里40个同学，只有5个孩子没有写相同的内容，其余的35个孩子全部写成了在学习骑自行车的过程中，如何克服困难，最后终于学会了骑自行车。面对如此雷同的作文试卷，年级组决定将根儿班级孩子们的作文统统扣掉一定分数，以示惩戒；只有那5个同学的作文没有被扣分，根儿是那5个学生之一。我问他为什么没有写骑自行车的内容，他说，早就在三年级就写过小时候爸爸教我骑自行车，所以，这次没有写。这次考试中作文内容的雷同，说明了作文教学中对学生想象力、独立思考、诚实等品质的破坏，也说明了教师对作文教学的误区以及教师本身的品质。

以下这段话是2012年时群里妈妈们的讨论。一个在重点小学上五年级的孩子，就语文的阅读理解与妈妈和阿姨展开了一段对话。这段对话让我们眼睁睁地看着一个孩子的人格正在被教育者破坏，却无能为力。

阿姨："那你们语文都学什么呀？"

孩子："老师就照着辅导书讲，一点扩展都没有。这次放假布置的作业就是写一篇课文的中心思想。"

妈妈："看文章不是仁者见仁，各人有各人的看法吗？现在的小学生还要写统一的中心思想，有标准答案。"

孩子："是啊，反正都要跟老师写的一样。老师整天讲的都是些空话，什么大公无私，舍己为人，根本不允许有自己的一点想法。要是跟老师说的不一样，就算不对。阅读理解什么的，你都不能想自己那个答案，你得知道老师会选哪个答案。"

阿姨："那你是语文课代表，语文应该不错吧？"

孩子："是啊，我还考过99分呢！"

阿姨："那你很厉害，做阅读理解一定知道老师想要的那个答案。"

孩子："嗯，我以前不知道，现在知道了。我都研究过，知道老师想要哪种答案。反正越空越虚，越觉得不对的那个就是。总之和你想的相反的那个就是。现在在学校，就是不能和老师不一样。我们班有一个同学，特聪明，知识面特别广，就是喜欢跟老师说的不一样，老师就特反感他。"

讲真话的作文却换来了老师的批评

六年级时，根儿在一次作文中写出了自己对学校食堂的真实看法，认为学校食堂的菜很难吃。这次的作文内容如下：

> 这一周刚开始，由于外婆不在，我只能在学校吃午餐和晚餐。可是由于长期不吃学校饭菜，刚吃时觉得根本不好吃。这无疑与原来家里的饭菜形成了极度鲜明的对比，对我来说是饭桌上严峻的考验。就因为这样，我吃饭的速度便经常上不去，总是后面几名。特别是遇上不喜欢的菜，我一点也不想吃，就让它原封不动地摆在餐盘里。我真是巴不得老师，还有监督的同学瞬间消失，好让我上去把那难吃之极的东东倒进猪食盆里，然后闪人。可老师偏不走，她也有她的理："不吃这个哪有营养？""不吃那个哪来思考的力气？"可谓五花八门，让你接不上来。如果他们再专业一点就成了

职业相声演员了！没办法，很多时候，只好鼓起勇气，憋住浑身的气，飞快地把菜往嘴里塞，然后随便乱嚼一下便硬吞下去，这样才能勉强咽下去。当然，这也有"后遗症"，把那些不好吃的东西"狼吞虎咽"下去后，由于心理作用，会有一阵短暂的浑身乏力，或是全身发麻，接着会感到有些恶心。真是"暴风雨走了，又迎来狂风"呀！有时，高老师对某同学说："本来你们学习就很苦，不保证营养怎么行？"我就会暗暗自语："本来学习就够苦，还叫我们来吃苦！"

根儿这篇作文表达了自己真实的看法和感受，结果可想而知，他被语文老师当着全班同学狠批，时间长达半节课，这让根儿很受伤。老师还把这篇作文交给了校长，状告我对孩子的教育有问题。为此，校长把我请进了办公室谈话。

根儿的语文老师没有直接与我交流孩子作文和品质教育的问题，而是把这个问题直接反映给了校长。我忐忑不安地来到了校长办公室，校长非常严肃地把根儿的作文本递给我，让我先看，看完后校长问我对根儿的作文有何看法。我平静地说："这是他的真实感受和想法，没有什么错啊！"校长转述了语文老师对我的意见，认为根儿太娇气，不能够吃苦，这是根儿道德品质存在问题。

我坚持自己的看法，冷静地对校长说："他只是评价了食堂的饭菜，写出了自己吃这些饭菜的感受，这和孩子的道德品质有什么关系呢？我们家庭非常注重每一餐，每一顿饭都做得很好吃，这是生活的品质。学校食堂与家庭饭菜有差异，他只是表达了这样的差异，我的孩子说出了真话，他的道德没有问题。"校长没有想到我会这样维护孩子，她有些恼怒："你如果这样教育孩子，他将来怎么能够吃苦？"我也有些激动了："我们努力工作挣钱就是为了生活能够有一些品质，吃上喜欢的饭菜，然后愉快地享受工作和生活，这样才能够有精力做擅长的事情，何必要培养孩子吃这种饭菜的忍受力呢？我觉得没有这个必要啊！"校长很生气："但是他不应该这样写学校的食堂啊！"我也豁出去了："我觉得一个人真实地表达自己，这是道德品质教育的基础。我坚持教孩子说真话，做真实的自己，忠于自己的思想，这样的孩子将来才会走得更远。我的孩子智商不错，假如他的智商有可能是一个获得诺贝尔奖的人，但是，如果他不诚实，失去了忠于自己的精神力量，他的品德就会导致他失去获得诺贝尔奖的机会。如果学校的教育是让孩子不说实话，明明饭菜不好吃，为了讨好老师说好吃，孩子学会了两面三刀，我觉得这样的教育是失败的，这样教育孩子的老师才应该反省。"校长听到我说根儿将来可能是一个获得诺贝尔奖的人，笑了起来："哈哈，你真是一个理想主义者！"我明白校长觉得我异想天开，我也笑着说："我的确是一个有理想的人！""你不仅是有理想，而且还很另类！"谈话在这种笑声中结束了，校长让我带走了根儿的作文本，风波就此平息了。当时我在成外附小做学生心理辅导，研究孩子的性心理和性教育，这位校长就是一直支持我研究的陶宏知校长。陶校长觉得我有些另类，所以，对于我教育孩子的另类方式，她以开明的方式接纳了。

这件事情发生后，根儿与我就作文进行了一次对话：

根儿："妈妈，作文到底写什么？"

我："写出自己内心想表达的观点、真实的事件、真实的感受、真实的情感、独立的思考等，作文的最终目的是让人们学会表达自己，而不是迎合他人的需要，所以，一定要真实！"

根儿："有时候作文说了真话会被老师批评。这次的作文我写了真话，我觉得食堂的饭菜就是不好吃，老师说我写得不好，在班上当着全班同学骂我，骂了我半节课。"

我:"我们在写作文的时候,所要表达的是自己的思想,你的笔无论怎样都要忠于自己的思想。妈妈的书就是这样写出来的,我为了表达自己的观点才写书。"

　　根儿:"你可以想写什么就写什么,没有人限制你,所以你才可以写出书来,我的作文有老师的限制啊!"

　　我:"是的,你在作文的时候,可以尽量在老师给予的题目之下表达自己的观点。无论老师给分多少,妈妈都会认为这才是好作文!"

　　根儿:"我可以像你写书一样写作文吗?表达自己真实的观点?"

　　我:"当然可以!"

　　根儿:"万一被老师批评怎么办?"

　　我:"儿子,自由地表达自己的观点和思想是每个人的权利!老师这样的做法是错误的,老师应该尊重每个孩子表达思想的权利。"

　　这次交流的意义在于:第一,帮助根儿建构诚实的品质,每个人都应该忠于自己的思想,不要为了迎合权威而丢失了自己的诚实;第二,帮助根儿树立起对独立思考精神的价值追求,这样的价值观能够帮助根儿在未来的生活和学习中,坚持自己的独立精神,有自己的价值取向,对于事物做出正确判断和选择;第三,我希望根儿明白,老师也是人,他们也会犯下错误,我们要尊重老师和权威,但不要迷信老师和权威,更不能够被老师和权威控制我们的思想。

　　这次交流以后,根儿的作文开始向真实表达靠近。小学毕业的时候,我收集了他的作文装订成册,一直保存至今。这些作文有他为了迎合老师而胡编乱造的,也有后来真实表达自己的,以此纪念他的成长经历。

我曾经认真拜读了黄全愈先生的《素质教育在美国》系列书籍。在书中，黄全愈先生讲述了他的儿子矿矿在美国教育下的成长。矿矿参加美国高考写的一篇作文，尤其让我感动。这篇作为参加美国高考的作文，大意是：矿矿忙于高考的准备和参加各种考试，很长时间没有在家里与爸爸妈妈一起吃饭了。有一天回到家里，妈妈还没有回家，矿矿和爸爸一起去附近的比萨店用餐，在这个过程中矿矿生发出了许多的感慨，觉得自己回家的时间越来越少，上大学后更不可能经常回家，妈妈和爸爸渐渐老去……矿矿的真实情感表达让我为之动容，同时我也感慨万千：我们中国的高考作文如果写成这样，由于没有任何政治意义可能得分极低；但在美国的高考体系中，矿矿的作文因为真实感人，高分获得了通过！我把矿矿的作文读给根儿听，也把自己的感受分享给他。

我一直认为孩子从学习汉语拼音开始，到学会认字写字，再到标点符号的运用，再到写作，这些语文教学的终极目标就是让孩子用文字来准确地表达自己的独立思想和见解，表达自己的真实情感。语文教育同时也是人文教育，目的还在于帮助孩子建构价值观、人生观和世界观。孩子在作文中所表达的真实思想正是他们对世界的认识与看法（世界观）、自我的价值取向（价值观）和对实现自己生命价值的追求（人生观）。有了孩子真实自由的表达，成人才了解孩子的内心世界，在这个基础上帮助孩子建立三观。

理智地应对老师对孩子作文的评价

老师在父母的心目中往往是绝对正确的，父母们通常也坚信老师对孩子的评价。一旦老师反馈给我们的孩子信息是"好的信息"，我们就欣喜万分；反之，我们就会有崩溃的感觉。在面对老师给予孩子的评价时，我们很难做到理智应对。

根儿就读三年级时，一天，教根儿语文的陈老师找到我，谈到了根儿的作文。在描写高楼的一次作文里，根儿用数字的方式来完成这篇作文：高楼的总高度和总宽度分别是几米，每一层楼的高度和宽度分别是几米，一共有几层楼，每一个窗户的高度和宽度分别是几米，每一层楼窗户之间的间隔有几米，每一扇窗户的玻璃的长和宽分别是几米……所有的语句都是用数字来完成。我一听就明白了，关于楼房建筑的问题，根儿常与孟爸讨论。这次，他将从孟爸那里获得的知识用来完成这篇作文了，内心里我赞赏根儿的做法。

陈老师表达了对根儿作文能力的担忧，我却很放松，笑着对陈老师说："他这篇作文具有独特的气质啊，与众不同。全用数字来说这栋大楼，没有孩子会这样来写作文，只有他想得出来啊！"接着，我把根儿喜欢阅读科普不喜欢童话的特质告诉了老师，希望老师理解根儿的特别之处，虽然他现在的感性还无法在作文中呈现，随着根儿的长大，慢慢会转变的。陈老师接纳了我的建议，但她还是很难理解："我教了几十年的书，还没有遇见过这类孩子，也没有见过你这样帮孩子的父母。"我知道很多父母在听到老师说孩子的学业不佳时，都非常焦虑，会向老师表达回家管教孩子之类的话，而我却是在说服老师理解孩子。

回到家里，我问了根儿为什么会想到用数字来写大楼。根儿回答我："对一栋大楼的描写，我除了想到用数字，再也想不出来还能够用其他方法来描写了啊！妈妈，我真的不知道还有什么语言能够用来描写一栋楼了。""嗯，你可以看看其他同学是如何描写的，可能他们会有其他方法和语言来写大楼。""我也看了，他们写了什么高楼直入云霄，楼房外面种有鲜花，我觉得那不是写大楼，是写楼的周围环境了，老师的要求是写大楼啊！"我觉得根儿说得很有道理。或许，如果老师直接找根儿谈，会发现根儿严谨的思维和逻辑。

对于作文，根儿一直处于"是顺应老师得高分"还是"写出真实想法被扣分"的纠结中，导致他的作文写作发展不顺利。根儿上五年级的时候，一天，语文老师在电话里告知我根儿的作文水平太差，在班级里基本处于最后的状态，我当即慌了神。和老师交谈结束后，我立即给孟爸打电话，孟爸听完我转述老师对根儿作文水平的评价后，冷静地告诉我："我是学中文出身，在我看来根儿的语言表达能力非常好，成语应用的水平也是很高的，在平时交流中，他的语言还挺幽默，他的作文水平应该不是差的级别。如果老师仅仅用他的标准来判定根儿的语文水平，有失偏颇。你不用着急，我们要相信儿子，因为我们才了解他的真实水平。"孟爸一直坚持让根儿学习成语，从一年级开始，每周都会让根儿给他讲两个成语故事，一直坚持到根儿小学毕业。

孟爸的话让我冷静了下来，这是我第一次开始思考如何对待老师对孩子的评价。老师也是人，他们与我们一样存在教育的盲区，根儿能够轻松理解那些弯来绕去的奥数题目，能够说他的语文水平不高吗？至此，任何学科的老师对根儿的任何评价我都会经过自己的分析，不会再盲从了。

深国交课堂上的文史教学魅力

根儿初中毕业后进入深国交学习国际高中课程，最初两年有文史课程。文史课程教学内容非常丰富，包含了中国文学、中国文化以及中国历史，其中中国文学约占60%。具体授课内容包括了中国诗歌的发展史、古典散文、古典小说、戏剧、当代诗歌与小说、中国哲学、古代宗教、书法与绘画、中国古典建筑、中国饮食文化、中国服饰文化、中医简介、中国历史等。老师将这些内容穿插起来进行教学，让学生理解文化的含义。

2012年年底，为了更好地了解深国交的文史教学，我从昆明来到深圳，在学校里听了一堂语文课。年轻漂亮的邓力瑞老师（大家都叫她玛格老师）详细介绍了深国交文史课程内容和教学安排。她曾经是根儿的语文老师，对于根儿，她还有深刻的记忆。她告诉我，曾经在教根儿班级时，讲到元曲《窦娥冤》，根儿撰写了《窦娥冤》的现代剧本，然后组织同学进行排练。最后，邓老师所教的五个班级的同学在一起，各自表演了自己班级排演的现代版《窦娥冤》。每个班级学生排演的《窦娥冤》都新意百出，孩子们发挥了超级想象力，窦娥的穿越引爆了所有孩子的笑点。

深国交的语文课没有教材，教学内容的相关资料会由老师准备，在课堂里发给学生。我听了一堂邓老师的"东西方文化比较"课。在课堂里，教材是老师复印的两篇文章：一篇是庞朴先生的《传统文化与文化传统》，庞朴先生出生于江苏，是中国当代著名哲学史家；另一篇是乔治·萨顿先生的《东方和西方的科学》，乔治·萨顿出生于比利时，他是当代科学史学科的重要奠基者之一，曾任美国哈佛大学科学史教授。这两篇文章都选自《文明的对话》这本书。在这堂课里，邓老师引领学生了解关系型议论文的写作方法，与学生一起讨论了传统的两面性，主题涉及了既是财富也是包袱、从建筑学上引申出了东西方的人际关系模式、从美国人吃汉堡包比赛和攀岩来挑战生命极限引发了学生对生命价值的思考、从维纳斯和掷铁饼者引发学生对艺术本质的讨论……这堂课共一个半小时，中途没有休息，学生们可以任意发表自己的见解，他们会提出与老师不同的意见，甚至，对于乔治·萨顿先生把体育归于感性的论点提出了质疑。

学生们思维活跃，他们常常就一个问题进行争辩，比如，老师问道："在我们的生活中，你们认为体现传统两面性的有哪些现象？"一个男生回答："文言文。"立即引来全班哄堂大笑，邓老师让他具体阐述自己的观点，他认为："文言文在生活中又不使用，为什么要学习呢？更不能够接受的是要背诵！"他的发言立即引来两个女生的反驳："文言文是一种文化，在我们现在的语言表达中，如果有文言文可以让语言精练，学习文言文可以对古代文化有了解，可以提升自己的修养……"讨论到美国人比赛吃汉堡包时，一位女生提出："他们这样做会伤害自己的身体，是对生命的不尊重！"邓老师开始与她一起讨论两种文化下对生命价值的认知，加入辩论的学生越来越多……这样的讨论在课堂里时时发生，邓老师总是鼓励学生们阐述自己独立的思想和观点。一个半小时的课程就在这样的讨论中结束，课外作业是阅读李约瑟先生的著作《发明与发现的国家》。李约瑟先生出生于英国，曾任剑桥大学李约瑟研究所名誉所长，长期致力于中国科技史研究，著有《中国科学技术史》。

邓老师不会用自己的思想来束缚孩子们，她的引导总是为孩子们不断打开看世界的一扇又一扇窗户，为孩子们提供不同文化下看世界的角度。这样的教育让孩子们将来不会狭隘，他们对世界拥有宽容和接纳的心态，这是孩子走向世界的基本素养。这样的语文学习方式一直是我所追求的，根儿幸运地享受到了邓老师两年的引领。

深国交的语文考试也与传统学校不一样，特别是作文的考试，每次考试有多个作文题目供学生选择，学生可以选择一个自己擅长的问题来发挥。在2011年的一次考试中，共有8个作文题目供学生选择："中国新年""一个奇怪的梦""我最怕面对的一个人""爸爸妈妈，其实你们不懂我的心""去年今日""含蓄""输与赢""以下面两句古诗引起的意境写篇文章或故事，'落霞与孤鹜齐飞，秋水共长天一色'"这样宽泛的作文题材让每个学生都可以找到自己喜欢和擅长的内容，在考试中尽情发挥，获得好成绩。

我曾经看到过根儿在深国交学习期间的一篇作文，是对鲁迅先生的《伤逝》中人物的分析，在分析中根儿谈及了对爱情的看法，虽然非常粗浅，但这是根儿自己的思想表达。在他的另一篇《对当今中国中小学教育的分析》的作文中，他用自己在小学和中学的经历，说明了应试教育不符合学生的全面发展。在这些作业中，邓老师都鼓励学生阐述自己独立的观点。

根儿喜欢独立思考，表达自己的独立见解，他非常享受这种学习语文状态。有一天，根儿回到家里，笑着告诉我："妈妈，我的语文这次考了班级第一，这回是正数第一啦！"我感到很惊讶，心想这可是前所未有的一次语文大翻身啊！我一直坚信根儿的语文是优秀的，现在终于得到了邓老师的认可，我兴奋地回应说："啊！你终于翻身了！这才是你真正的语文成绩！"那个时刻，我内心充满了对深国交的感激之情，只是遗憾根儿在高中才遇上这样的学校和老师！

完善的教学与管理体系
有助于孩子的未来发展

高中阶段的选课机制与孩子的人生规划

根儿将在深国交进行为期四年的学习,其中IGCSE国际高中课程两年（G1、G2年级）,A Level大学预科课程两年（A1、A2年级）。其中有两次选择课程的机会,分别是G1和A1年级,每一次选课都有必修课和选修课。在学生进行课程选择之前,各科老师要为学生们介绍自己的学科和教学、考试等相关情况,让学生们能够认识学科,找到自己喜欢的学科,根据自己的兴趣做出选择。

在G1年级时,可以自由选择三门课。根儿坚定地选择了生物,同时选修了商学和信息技术这两门课。后来,根儿发现不擅长计算机和商学,咬着牙坚持到G年级结束。进入A年级后重新选择时,根儿放弃了这两门课。

A1年级所选择的课程关系到大学申请专业。如果希望大学的专业是学习生物,那么,A1年级的选修课中,一定要有生物。同时,A1年级的国际考试成绩将作为申请大学的成绩,相当于我国的高考成绩,学生要选择擅长的学科获得好成绩。所以,学生要将喜欢的专业与擅长的学科结合起来选择课程,两者结合就能够进入心仪的大学并学习喜欢的专业。

G1年级选课、A1年级选课和进入大学后的专业选择是一个连续的体系。在G年级没有选择的课程,A年级基本上不能选择这个课程,大学就不能够学习这个专业了，因为没有相关专业课程的国际考试成绩。比如，根儿在G年级选择生物课程，A年级可以继续选择生物课程，在报考大学专业时，他能够报生物专业；如果根儿G1没有选择生物，到了A1年级没有读生物课程，那么，他就没有生物学科的国际考试成绩，就不能够在大学读生物专业。由此，从高中阶段的选课机制中，学生就必须不断地思考和调整自己未来的专业方向。

在这样的选课机制中，孩子获得的成长有以下几个方面：

第一，对自己的未来负责。从G1的选课开始，孩子就在为自己的人生进行规划，为自己人生做出决定。我的人生要怎样度过，未来的职业是什么，大学的专业是什么，我要选择什么课程。在选课机制中，孩子会对自己的未来进行认真思考，认真对待自己选择的课程。

第二，发现自己热爱和擅长的学科。学业上的主动权使孩子将兴趣与自己的智力优势相结合，保护了孩子的天赋和兴趣，有助于孩子获得自尊和自信。这样，他们就不会在自己不喜欢的课业中浪费时间与精力，更不会厌恶学业了。

第三，为进入大学后的专业学习奠定学术基础。按照课程结构体系，学生可以根据自己未来从事的专业，选择相关的基础课程。比如，未来想做律师的学生，必须要选择心理学和历史课程；未来想做精算师的学生，商学是必选课程；未来想涉足自然科学研究的学生，需要选择化学、物理、生物等课程；未来想做服装设计师的学生，必须要选择艺术和心理学等课程。

第四，让孩子心怀梦想并脚踏实地。选课的过程是点燃孩子梦想的过程，被点燃的梦想与四年的课程学习相结合，便转化成为孩子可以实现的人生理想，这个理想让孩子清晰可见。根儿当初的理想是做一个通过基因治疗来帮助人类攻克难治性疾病的科学家，他选择的生物课程可以帮助他实现自己的理想，学校的课程体系让根儿通往理想的道路上踏实而专注。

教会孩子脚踏实地地把梦想变成现实，让孩子真切地感受到自己的能力所在，对自己和这个世界充满信心，这是深国交富有人性的教育理念和方式所在。深国交的孩子们是幸福的，他们从高中阶段就可以清晰地看到自己人生的目标——人类学家、政治学家、经济学家、建筑师、艺术家、科学家、精算师、医生……而学校的课程结构就是帮助他们实现目标的路径，让他们的理想不会停留在虚无缥缈的空气中。

在我们的教育体系中，缺失了选课机制，孩子失去了对未来的人生规划机会。孩子们难以找到自己喜欢和擅长的学科，在选择专业的时候，更多趋向于"热门"，但并非自己喜欢。孩子的专业选择也被父母插手，以利益为导向，无视孩子内心的梦想。其结果导致了很多孩子进入大学后，缺乏对梦想的激情、人生的规划和对未来的执着。大学的时光耗费在自己讨厌的专业里，大学毕业后做着与自己专业不相干的"好工作"，生命折价成为挣钱的机器，在埋怨和不甘心中一天天地度过……这种导致个人和社会资源极大浪费的教育体系，应该引起全社会的反思。

一位英国皇家医学院院士在与他的孩子讨论未来研究方向时，他问孩子将来想做哪方面的研究。孩子说："目前比较热门的领域。"他问孩子："为什么不去引领热门的领域或者说是让一个领域因为你而热门？"孩子问："如何才能做到？"他回答："富有远见、做出成就，以及运气！"

让孩子学会管理自己的时间

一位从深圳重点中学考入深国交的女孩，入校的当晚，她流露出了对深国交的失望，怀念着以前在学校里老师"无微不至"的照顾。她在电话里对我说："下午4点放学后，老师就不管我了，不安排我做什么，作业量很小，有的科目甚至没有作业。我也不知道自己该干什么，游荡了一下午，浪费了我很多时间。我以前的学校，老师会从早上7点半开始管着我们，直到晚上9点下晚自习。老师会布置很多作业，我们每一分钟都在忙……"我告诉她："从现在开始，每天你会有很多的空余时间，这些时间是你自己的，不再是老师的，你必须要学会安排你的时间。""我在空余的时间里该干些什么事情呢？""学校有图书馆，有电脑室，有那么多的社团活动，你有大把的时间做自己想做的事情啊！""我不知道自己想做什么，以前都是老师安排我的时间，给我们布置作业。""那就到图书馆，找你喜欢的书看吧！"

深国交的管理体系给学生传递出的一个信息是：我们相信你能够管理好自己的时间，从进入这所学校的第一天起，你就必须要学习自我管理了。

在传统体制的学校里，老师安排了孩子的一切时间。从上午8点（或许更早）到晚上10点下晚自习，孩子们没有机会学习如何管理自己的时间，更没有机会尝试做一些喜欢的事情：打球、给电影配音、到图书馆看英文原版《牛顿》、和同学聊天、发呆……当孩子适应了在传统学校里被人"抱着"，现在突然来到让自己"走路"的深国交，就像多年一直被捆绑着手脚的孩子，突然被松绑后孩子出现了手脚无措的情形，自然有些不适应。这种不适应只是孩子学会自我管理的开始。三个月后，女孩爱上了这所学校。她告诉我："我在学校里自由地安排我的时间，学习和生活都很好。我的好朋友在其他重点高中，晚上都没有时间给我打电话，每天做很多试卷啊，我好幸运啊！"

进入A年级后，学校根据每个学生的情况安排了"自主课"——自己做主的课。"自主课"这个名称是我取的，其实就是学生个性化的自习课。学校根据每个学生的课时（由于选课不同，每个学生的学时可能不同）和学习成绩来安排每一个孩子的"自主课"。根儿每周有8节自主课。这8节课完全由根儿自主安排：做作业、到图书馆看书、为申请大学做准备……没有老师来监管根儿在这8节自主课中干了些什么，这样个性化的管理方式给予了根儿学会自我管理的机会。在传统体制的学校里,学生因为不被信任,无法享受到"自主课"的待遇,也失去了学会自我管理的契机。

让孩子学会对自己的选择负责

根儿A2年级时,他放弃了第四门选修课的选择权利。学校尊重他的意愿,没有一位老师来劝说他,老师相信孩子的选择是经过了严肃的思考。老师的尊重传递出一种信息:我们相信你对自己的学业负责任。对于根儿放弃第四门课的选修权利,我们觉得非常遗憾,但我们尊重他的意见。我和孟爸认为:强扭的瓜不甜,学习是一辈子的事情,只要他保持着上进心和学习兴趣,等到他需要的时候,他自然会去学。

让孩子学会遵守校规

在池莉的著作《来吧孩子》中,她女儿就读的英国中学(CC中学)校规有关于学生恋爱的一则:"如果你有男友或女友,你们的行动必须是有责任感并且成熟的。你们要尽量避免在公开场合表现得过于亲密。在任何情况下男女生都不可以进入异性学生的寝室,如果违反这一条校规,双方都将会被移居校外,取消其住校资格。"

深国交沿袭了英国文化中对孩子权利的尊重,并人性化地管理孩子的恋情。老师们尊重和接纳孩子青春期自然发展的规律(关于这个规律的阐述,读者可以参阅我的《善解童贞2》),不会羞辱和阻止孩子的恋情,更不会将热恋中的孩子当作"问题少年"。在深国交的校规中,对热恋中孩子的管理规则是"不可以在学校有亲密的举动"。我相信,在尊重、接纳和规则中出落的恋情,才能够散发出高贵的气息!

有时候我会在中午为根儿送午餐,常常见到一些到校外就餐的男生和女生，他们在校园里只是并肩而行，一旦出了校门，他们就会自然地手牵着手一起走向餐厅。看得出来，这些热恋中的孩子已经学会了遵守校规。

让孩子充满自信地面对考试

深国交的国际考试一般要经历一个月或者更长的时间，由英国剑桥考试院统一出题和评卷，并且一定要在考试委员会规定的时间进行考试。学校不可以擅自决定考试时间，考试完成后试卷密封寄回英国。世界各国考生的试卷统一由考试委员会组织阅卷评分，考试委员会的成员身份都是公开的，其资历、阅历、评判试卷的公信力等都会接受全社会以及法律监督，具有无可争议的权威性。正因为其权威性，A-level课程的国际考试成绩得到世界上很多国家大学的认可，用A-level成绩可以直接申请全世界很多优秀大学。A-level课程是进入英国顶尖大学的必经之路。

每一学期的国际考试都会有数个科目，每科的考试会有间隔时间，同一个科目要经历几次考试，几次考试中也有间隔时间。考试科目之间的间隔时间不等，有几天，也有十几天。在间隔时间里，学生自由安排，老师不会主动给学生进行辅导或者上课，学生有问题可以找老师帮助。根儿在考试期间感觉很轻松，早上可以睡懒觉，晚上可以自由看书、看电视、玩游戏。

如果学生有考试科目，凡是上午进行的考试，无论几点开始都必须在早上8点准时到校。这是因为国际考试存在国内省份和其他国家的时间差，防止题目外泄。学生到校后需要立即进入指定的考场位置，等待考试开始，有些时候学生要在考场里等待两小时左右，才开始考试。在等待期间，学生不可以擅自离开自己的座位，即使去洗手间都要有老师陪同。进入考场不准许带包和手机，只可以带透明的文具袋，进入考场后要进行检查。考试如果有作弊行为，按照规则将被开除学籍。如此严格的管理是为了国际考试的严肃性和公正性。

如果学生有特殊情况，可以不参加学校的考试。根儿去英国剑桥大学面试期间，错过了学校的期末考试，回国后参加了补考。由于为剑桥大学面试花费了很多时间和精力，面试期间又在英国逗留了10天，导致期末考试的成绩非常不理想。剑桥大学预录取通知来了之后，我去参加根儿的家长会，他的化学外教老师对我说："他学习很认真，这次考试成绩受到面试的影响，不过这没有关系，获得剑桥大学的录取才是最重要的，祝贺他！他非常棒！"她真诚的目光和笑容里散发着对根儿的宽容和理解！

剑桥大学的人文情怀和对学生的尊重

根儿在剑桥大学第三年学习结束后，因为要在剑桥继续读硕士，他决定暑期要进入剑桥大学一位教授的实验室实习。这个实验室要招收一位实习生，报名的学生有20多个，竞争非常激烈。

根儿在面试的时候，考官问他是否有过实习的经验。根儿如实回答了曾经在中科院昆明植物研究所和中科院深圳先进技术研究院的实习经历。按照常人的思维，实验室一定要招收有实习经验的学生，所以，根儿努力回答自己的实习经历，希望被录取。

当录取结果出来后，根儿告诉我，实验室录取了一名从来没有实习经验的学生，因为考官认为这个学生没有实习的背景，说明他缺少资源，其他有过实习经历的学生，说明有实习资源，而剑桥的实验室要将机会给予这个没有实习资源的学生。听到根儿的话，我的心灵被震撼了，终于明白名校之所以是名校，不仅仅是专业研究能力有多强，不仅仅是诺贝尔奖获得的人数有多少，不仅仅是财力有多么雄厚，深入剑桥人骨髓的人文关怀精神才是剑桥的魂！

根儿在剑桥大学的名字一直是中文拼音，同学和老师都叫他"gengyi"。

有一天，我突然问起根儿的英文名是什么。根儿回应："我没有英文名，剑桥大学不给学生英文名，中国学生保持中文拼音名字。"我感觉很奇怪，在中国，孩子去英文补习班都要取个英文名字。根儿解释道："在剑桥大学，来自不同国家的学生，都保持着自己的名字，便于别人知道你来自哪个国家，这也是对每一位学生的尊重。"从简单的英文名，可以看到剑桥大学对不同文化和种族的大气、包容、尊重。

剑桥大学的人文情怀让我看到，学子们在世界名校获得的不仅仅是专业训练，还有难能可贵的人文情怀。这种人文情怀被剑桥大学传给了她的学子们，学子们会将这样的人文情怀带到世界各地。

见证孩子成长的仪式

根儿在高中时的毕业典礼

根儿高中毕业典礼于2012年6月16日下午6时在深圳京基100瑞吉酒店举行,我荣幸地被学校邀请作为毕业生家长代表发言。参加深国交隆重而华丽的毕业典礼,让我人生第一次有机会穿上了漂亮典雅的晚礼服,孟爸也从昆明赶来参加根儿的毕业典礼。

Joe Greenwood院长在毕业典礼上的发言

今天,你们终于高中毕业了!(太好了!)但同时也迎来了崭新的未来,一个尚未确定的未来。你们就像刚刚被破除束缚的成年人,需要在这个常常是变幻莫测的世界中做出诸多艰难的抉择。

罗马的保护神Janus,拉丁语一月就是以他命名的,他既是开启之神,也是结束之神。他拥有两张面孔,一张向后看到过去,一张向前看到未来。对于你们大部分人来说,现在正处于生命中最大的变化的时刻。孩童时代与上学阶段已经成为回忆,一系列的计划和对未来的期待,大学、事业和生活摆在面前。请尽情地享受这一刻吧!放眼未来,你可能发现它激动人心,也可能觉得它令人生畏;回顾过去,你可能恋恋不舍,也许伤心感怀。但无论如何,你会觉得它非同寻常，值得回忆！

　　我希望你们在深国交度过的时光有助于培养和发展你们从父母那里学到的价值观，那些确定你人格的价值观，那些让你受益一生的价值观。

　　我希望你们永远努力完善自我，成为好朋友、好公民和好人。因为你是深国交的毕业生，所以请允许我阐述一下我所认同的好人的4项优秀品德：

　　S=真诚（SINCERITY）

　　要诚实，但不要把诚实当作残忍的借口。仔细审视一下你自己的人生准则，直到对它们深信不疑为止，然后谨守它们。不要因为想受人欢迎而做自己认为不正确的事情。最重要的是对你自己诚实。在莎士比亚著名悲剧作品《哈姆雷特》中，波洛涅斯对他儿子说："首先，你要对自己诚实。"

　　C=同情（COMPASSION）

　　情商，是理解他人的能力，它可能是决定人生成功与否的最重要因素。要学会掌控情绪，不受其左右；要学会三思而后行。当意见出现分歧时，要勇于承担自己的那份责任。请记住，你周围的人有他们自己的思想、动机和观点。用心地对待他们，尤其是当你自己处于权威者的位置上时。人本主义心理学的主要代言人卡尔·罗杰斯曾说："唯有指责他人的人得不到帮助。"

　　I=勤力（INDUSTRY）

　　做足你分内的事，不要成为他人的负担；热爱学习，不要偏离学习的真正目的，不要只是学习应试的技巧；要事事善始善终；没有付出，就不可能有收获。托马斯·爱迪生的名言："天才是1%的灵感，加99%的汗水。"

E＝热情（ENTHUSIASM）

当遇到困难时，保持乐观的态度。要勇于尝试新鲜事物，不要让担心和害怕阻挠你追求自己的目标。寻求解决问题的办法，而不是纠结于问题本身。不要因他人的消极态度而感到泄气。亚伯拉罕·林肯曾说："我会尽我所知、尽我所能地做好每一件事；而且我会一直坚持这样做。"

理想归理想，只有柏拉图和他的弟子们相信理想之人的存在。然而，不能因为我们知道自己注定会犯错误，而且不能取得完美，就允许自己用平庸的标准来生活。尽你最大的努力去做一个更好的人，让我们、你的朋友、家人、老师和全世界在每当想起你的时候都会露出开心的微笑。

心怀如此理想的2012毕业的同学，我向全世界推荐你们！

我在孩子们毕业典礼上的发言：

献给魔法学校的孩子们

能够作为孩子们的父母代表站在这里，感觉好像是中了头彩大奖。感谢Joe Greenwood校长的盛情邀请，让我有机会和孩子一起经历人生最为重要的时刻！

孩子从幼儿园、小学、初中到高中，每一个阶段都有一次毕业，孩子的每一次毕业都能够带给父母一次欣喜和感慨：我的宝贝长大了！但是，今天的毕业却与以往不同，她意味着我们陪伴孩子成长的阶段已经结束，孩子梦想的羽翼已经丰满，实现自己梦想的激情会让他们头也不回地飞离我们的视线。他们不会在乎前面的路会有多少风雨，会不顾一切地去追寻风雨过后的彩虹。我们放手的时间到了！

每一个父母都期望在这个时刻能够安心地放手，让孩子能够有能力独自面对未来的世界，从孩子出生的那一刻我们就开始了这样的准备。我们给孩子提供丰足的食物和衣服，期望孩子身体健康；我们给孩子良好的行为示范，期望孩子能够拥有高贵的人格品质；我们为孩子寻找更好的教育环境，期望孩子能够拥有更加美好的人生和未来。在我们竭尽所能之后，把孩子带到了深国交，在这所具有魔法的学校里，孩子们的生命完整而健康地成长着。

魔法师们深知教育的本质是帮助孩子完成这个年龄阶段的生命发展任务，面对一颗颗带着稚气却又自以为是的年轻心灵，魔法师们施展着让孩子们日渐成熟的法术：没有人逼着你做作业，你需要为自己的学业负责任；没有人对你苦口婆心循循善诱，教导你要好好学习，因为你获得了信任，魔法师们深知只有被信任的孩子才会有尊严和自信；没有人阻止你生命的发展进程，你可以在情窦初开的年龄品尝爱情带来的酸甜苦辣，魔法师们坚信这是你情感成长的最重要的一课，他们无法带给你这一课，但他们会好好地保护你经历这份情感的历程；没有人告诉你将来一定要从事什么职业，但你会在魔法学校里找到自己热爱的专业，并全身心地投入其中；没有人会要求你一定要考进哪一所大学，但魔法师们会帮助你心怀梦想，并为你插上飞越梦想的翅膀。在你懵懂迷茫的时候，魔法师会让你看清楚真实的自己，让你不要在浮躁不安的世界中丢失了自己的真心……

见证孩子成长的仪式

于是，你懂得了要坚持成为独一无二的自己，坚守自己的梦想不为尘世的纷扰而动摇；你懂得了要珍惜世间的美好，为世界的和平和发展尽自己的力量；你懂得了你是中国人，无论你身在何处，你都可以为全人类服务；你懂得了人生的最大幸福是实现自己生命的价值，在追寻这个目标中你的生命会丰满卓越！你也深知，是魔法学校的魔法师们用爱把你带到了这个世界最高级的舞台上，让你彰显自己生命的本质，舞出自己多彩的人生！你会承接着魔法师们对你的厚爱，把这份真爱传递给你未来的孩子和家人，你未来的学生，你未来的朋友和同事，这个世界因为有了你，而变得不一样！

今天，是孩子们隆重的毕业典礼。在我的生命中，从来没有经历过如此华丽的毕业典礼。在我曾经的毕业典礼上，我从来没有穿过漂亮的晚礼服，这让我深感遗憾，我再也无法回到中学和大学时代重新补偿我的毕业典礼了。19年陪伴孩子的生命历程，让我懂得了一个母亲的使命和责任，也尝尽了一个母亲的幸福和满足。我想，把今天让我如此光荣的时刻作为我当母亲的毕业典礼吧！这是我人生最重要和最动情的一次毕业典礼，我会铭记终身！

衷心地祝愿孩子们顺利毕业！

衷心地祝愿深圳国际交流学院越办越好！

根儿在剑桥大学时的毕业典礼

根儿在剑桥上学期间，我们没有机会去看望他，想着等他毕业的时候，去参加他的毕业典礼，顺便到英国一游。根儿本科毕业时，因为要继续读硕士，所以不参加本科生的毕业典礼，这是英国大学的传统。直到2016年6月，根儿硕士毕业，我与孟爸来到了剑桥大学，亲身经历了世界名校的毕业典礼。

在毕业典礼举行的前几个月，剑桥大学负责毕业典礼的工作人员会与毕业生们联系，学生需要报上前来参加自己毕业典礼的亲朋好友人数，剑桥大学会为参加毕业生典礼的家人和朋友安排两天的食宿。在剑桥大学里住两个晚上，吃两次早餐，这对于我来说，是一种难言的心理补偿。

进入世界名校，享受世界一流的教育，这是人生的一大幸运；而我，没有过这样的幸运。我成长的那个年代，因为自己没有努力，也没有这样的视野，所以没有进入世界名校上学，这好像成了我心里的一个结。现在，这个结已经解开了。但是，我觉得自己的人生依然有缺憾。在去参加毕业典礼前，我了解到，根儿就读的耶稣学院此次的毕业生中，只有他的国籍是中国，所以，我为自己准备了具有中国特色的服装。

剑桥大学的毕业典礼对毕业生服饰的要求极其严格，从衬衣到长袍，里里外外都有规定：黑色正装西服（女生为统一式样的裙子）、白色领结、白色衬衫、黑色袜子、黑色正装皮鞋、黑色长袍、白色学术领带、标志学科专业的帽兜。一般来说，西装、衬衫、皮鞋是学生自己准备的，领结、领带和帽兜可以租用，剑桥大学专门有这样的租用店，黑色披风在学生进校时就每人发一件。在正式进入毕业典礼大厅前，毕业生要集合在一起，有老师专门检查毕业生的服装是否符合标准，如果西服、袜子或者皮鞋的颜色和款式不符合要求，必须更换。专业不同，标识学科专业的帽兜会呈现不一样的颜色，这样，从颜色上就可以辨识毕业生的专业。

举办毕业典礼以学院为单位，而且是本届毕业的学士、硕士和博士一起进行毕业典礼。没有获得博士学位的毕业生，不可以戴象征着博士学位的博士帽进入典礼大厅；而学士和硕士没有相应的学位帽。所以，我们看到剑桥学士和硕士的毕业照片都没有戴学位帽。

毕业典礼是在剑桥参议院大厅举行。这座大厅平时不对外开放，每年仅有毕业典礼才可以进入，而一般游客也不允许进入。被邀请参加毕业典礼的家人和朋友必须持有邀请票，才可以在孩子的毕业典礼仪式举办时进入。这座大厅已经有三百年历史，进入大厅，给我感觉不是豪华奢侈，而是朴实精致厚重，有深厚的历史感，她已经被历史和文化沉淀洗礼，成为剑桥的灵魂所在。我相信，每一位在此参加过孩子毕业典礼的父母，这一段都会成为这个家族的共同回忆，是家族值得纪念的一段历史！

毕业典礼开始前，毕业生要列队站好，家长们在被安排好的座位上安静等待。我被安排在楼上，只能够俯视整个毕业过程。只要进入大厅就不可以拍照，但还是有家长在典礼开始前忍不住拍照了。典礼开始后，学院院长在一位手执权杖的女士带领下入场，院长穿着的红袍是身份的象征。院长落座后，其他两位见证毕业生毕业的教授会坐在院长后面。大家落座后，由手执权杖的女士宣布毕业典礼正式开始。

近一百位列队站好的毕业生被分为四人一组，站成一排。每次上前一组毕业生，由一位女士向院长介绍每一位毕业生。每介绍一位，毕业生会来到院长面前，跪受院长赐福。院长会双手握住每一位毕业生的手，深情地看着毕业生的眼睛，说上一段赐福的话。整个毕业典礼沉浸在神圣的氛围中，让人感受到心灵的洗礼。在我们的成长中，需要有神圣感的毕业仪式。毕业仪式是对大学的精神传承，神圣感让毕业生对大学传承的真理有敬畏之心，这是毕业生内心的一次升华。

我曾经问根儿院长对他说了什么，他说全是拉丁语，听不懂。我问："为什么说拉丁语呢？"根儿说这是剑桥八百年的传统，要保持下去。我想，即使毕业生们听不懂院长说什么，他们也能够感受到院长的祝福；而且，在毕业生的内心种下了一颗保护传统的种子！

在毕业典礼中我注意到了一个细节，手执权杖的女士在毕业典礼开始后，会拿着一份毕业生的名单，每一位毕业生在跪受院长祝福前，她都会念出这位毕业生的名字，然后用一支笔做上记号。坐在院长后面的两位教授，也同时在自己的名单上做记号。大厅旁边坐着一排学院教授和老师，他们也是毕业生的见证人。这个细节让我深有感触，有一种每一位毕业生都被剑桥大学载入了史册的崇高感。

每一位毕业生在跪受院长祝福时，会有相机抓拍孩子的毕业照片，我们看不到摄像师，只看到一架古色古香的大盒子。在跪受祝福的仪式后，毕业生会从一个通道离开大厅，通道外教授们和老师们等待与毕业生告别，毕业生会与老师们一一拥抱告别。

学院院长、教师、毕业生和参加毕业生毕业典礼的亲朋好友们，会一起参加毕业晚宴。在去参加毕业晚宴前，我想象着毕业晚宴一定是在金碧辉煌的宴会大厅里举办，这可是剑桥大学的毕业晚宴啊！然而，完全出乎我们的意料，剑桥大学没有金碧辉煌的晚宴大厅，毕业晚宴是在一个临时搭建的大篷里举办。大篷里没有桌子，只有少许椅子，大部分人是坐在地上或者站着用餐。我和孟爸进入大篷后，看到眼前的状况，傻眼了。我们迅速反应过来，打算站着吃点东西就撤离。晚宴是冷餐会，这是我不适应的。那时，我非常想坐在中国一家小面馆里，吃着一碗热气腾腾的牛肉面！

在大篷里，孟爸品尝了剑桥大学优质的葡萄酒，只是，酒杯要放在地上。我们看到了耶稣学院的院长席地而坐，一边用餐，一边与毕业生们谈笑风生。从大篷出来后，我与孟爸无比感慨。孟爸发自内心地说了一句："剑桥大学真的是一所没有大楼，却有大师的学校啊！"参加了毕业晚宴之后，我猛然间明白了为什么我们在剑桥各个学院参观时，看到每个学院的草坪上都临时搭建了一个大篷，原来这是每个学院举办毕业晚宴的地方啊！草地上的大篷成为剑桥毕业季的一道特殊风景。

在与朋友聊起剑桥大学的毕业晚宴时，她问："学生食堂难道不可以举办晚宴吗？"我告诉她，学生餐厅仅仅只够学生和老师使用。我在学生餐厅用早餐时，看了一下整个餐厅，没有多余的空间让我们这些参加毕业的家长在餐厅里用餐。

Chapter 5

从考试中抓住教育的机会

考试是每一个人必经的成长经历,也将成为孩子的成长助力。

孩子童年的经历弥足珍贵

2001年12月1日,刘达临先生来到成都,在四川省博物馆举办性文化展览。展览分为艾滋病、老年人的性健康、中国古代性文化等几个内容,还有很多刘达临先生收集的古代春宫图和表现性交姿势的物件。

那天正好是星期六,因为顺路,9岁的根儿学完钢琴课后我就带他一起去看这个展览。来到博物馆门口才知道,这个展览是禁止未成年人入内观看的。当时根儿是小学三年级学生,被工作人员挡在门外。我却坚持要让根儿进去看展览,我对工作人员说:"我是他的母亲,我愿意让他看展览,责任我自己来负,你们为什么不同意?"后来,惊动了负责这次展览会的领导,终于同意我们进去了。

进入展览馆后,我们见到了刘达临先生。他见我带了孩子来,就告诉我:"随他自己看,你不要刻意给他讲什么,他还小,不一定能懂。"我遵从刘达临先生的意见,与根儿分头参观,各自选择自己感兴趣的展览区,同时我也观察着根儿。我发现根儿对古代春宫图和表现性交姿势的物件根本不感兴趣,他感兴趣的是关于艾滋病的宣传内容,展板上非洲艾滋病儿童的图片吸引了他。在参观的时间里,他几乎都在看艾滋病内容的展板。

我们离开展览馆时,根儿和我有一段对话:

根儿:"妈妈,全世界有57万儿童得了艾滋病,你知道吗?"

我："不看这个展览，妈妈还真不知道。"

根儿："他们怎么会得艾滋病呢？"

我："可能是被他们的爸爸妈妈传染上的。"

根儿："他们的爸爸妈妈又是怎么得的病呢？"

我："他们不爱干净，就会得病了。"面对9岁的根儿，我没有办法对他讲解艾滋病传播的三种途径。

根儿："那些得了艾滋病的儿童能够被治好吗？"

我："现在还没有药能够治好艾滋病。全世界有很多科学家都在研究这个病的药物，不知道什么时候能够研究出来。"

根儿："我长大了要研究治疗艾滋病的药！"我没有想到他会说出这样的话，而且说得很坚定。

我："如果你真的研究出了治疗艾滋病的药，就可以使很多人解除痛苦了，那些儿童也能够得救，你就成了一个伟大的科学家！"

根儿："妈妈，如果我研究出治疗艾滋病的药，我也能够赚很多的钱吗？"儿子班里有几个家庭富裕的孩子，他曾经对我说我们家里不缺幸福，就缺钱。

我："如果你能够做到，你当然能够赚很多的钱了！到时候还会有很多的人感激你，因为他们能够恢复健康，你让他们不再因为艾滋病而痛苦了！"

9岁的儿子是现实的，也是真实的，我不苛求他现在就要具有崇高的精神境界。

第二天，在老师布置的日记作业中，根儿写下了这样一句话："我长大了要研究治疗艾滋病的药。"几个月后，在自办的小报里，根儿的小报内容竟然是预防艾滋病的内容，他将艾滋病病毒用黑色的魔鬼表示。小报贴在教室里，很多孩子从这张小报里了解了艾滋病。根儿上五年级时，我在他们班里讲解了艾滋病的传播方式和预防措施，他真正懂得了艾滋病传播的三种途径，并懂得了保护自己的具体方法。

这次参观预防艾滋病展览，为9岁的根儿种下了一颗梦想的种子。16岁就读深国交，他选择了学习生物。根儿告诉我："妈妈，化学和生物学好了，将来就可以研制药物了，还可以研究食品当个厨师。"我问："还研制治疗艾滋病的药物吗？"他说："现在有好多病都治不好，我以后可以研制很多种药物，除了治疗艾滋病的药物，还有治疗糖尿病的药物，这些都是世界难题。当然，我还要当个厨师！"

19岁时，根儿进入剑桥大学，选择了自然科学，学习了生物、药学、化学等课程。24岁从剑桥大学硕士毕业时，他的专业是化学。现在，做一个科学家是他对自己未来的人生规划，他依然走在实现梦想的路上。

考试给孩子带来的成长契机

走出英语考试的阴影

在深国交，A年级的英语成了学生的"语文"，学校将按照学生的英语水平分为A、B、C三个等级，A等级的学生按照英语为第一语言的要求来教学。根儿被分在A班，英语考试的要求自然就很高了。

在国际考试来临之前，学校要进行英语模拟考试，题型只有英语作文。考试要经历两次：第一次考试是两篇大作文，试卷会提供六个作文题目，学生可以挑选自己擅长的话题来发挥；第二次考试是写小作文，通过阅读试卷提供的资料按照试卷要求进行写作，作文可以综合体现出学生的单词、语法、阅读理解能力、写作能力和价值观。

在一次英语考试结束后，根儿的情绪不好。在提供的六个作文题目中，他选择了"一封丢失了七年的信"，这让他的写作难以为继，好不容易才憋出了这篇文章，不顺利的感觉让他很痛苦。根儿对我说："我觉得这次作文太丢我的脸了，我应该不交给老师，把这篇作文撕了，只交第一篇。真是太丢脸了！太丢脸了！"他表现得很焦躁，在家里宣泄着自己的情绪。我知道这是上天赐予我教机，需要我的耐心和智慧来帮助根儿。等他发泄完了后，我平静地开始与他交流。

我："考试不顺利的确让人很难受。不过，只要你认真写了作文，就不丢人。"

根儿："老师会怎么看我啊？"

我："老师不会因为你这一次作文差，就否认你的英语水平啊，你平时的成绩是不错的啊。"

根儿："我的作文从来没有写得这样糟糕。这次考试我真不愿意交卷，情愿得零分也不愿意老师看到我的这篇文章！"根儿是个完美主义者。

我："如果你不交卷，真的就是零分了。考试的目的就是要分数，作文再差，只要交卷还是有点分数啊！"

根儿开始悲愤交加，流着眼泪大叫："我希望我能够做到最好，尽我的最大努力做到完美，没有想到是这样的结果！！！"

我依然平静："妈妈知道你想做到最好，我们可以追求完美，但不能够用完美的标准来要求自己，不允许自己不完美啊！我们都在不完美的状态中追求完美。就算这次考砸了，我们也接受差的成绩，或许这是一次经验的积累。"

根儿哭喊着："我每天都很努力，就是为了自己完美，我不允许自己不完美！呜呜呜，哇哇哇……"然后，他开始用拳头用力砸向自己的枕头和被子，几个月来的压力让他终于爆发了。在他成长的17年里，这是他第一次这样疯狂地发飙。

第一次面对历来温顺的儿子突然出现这样的情况，我不知道该如何处理，也不知道该说什么，只是安静地陪伴着他，等待他的宣泄。慢慢地，根儿放松了下来，我用手在他的背上安抚，让他的头依靠在我的怀里，没有言语。现在回想起来，我终于明白，儿子发飙的时候不需要我的话语和说教，他什么都明白，就是需要发泄，需要我们接纳他的情绪。

曾经，我们不懂得引导根儿学会情绪管理，在他难受想哭的时候，我们说："男子汉要坚强，不准哭！"我们不懂得尊重孩子的情感，不懂得孩子有宣泄自己的权利，不懂得教会孩子解压的方法，这种错误的教养方式阻止了孩子情绪的正常发育。在根儿14岁以后,我才意识到了曾经犯下的错误。之后,我一直努力改变自己的育儿观念和方法,让根儿明白男人可以哭泣,可以采用不伤害自己和他人的方式来宣泄情绪和压力,也期望他有一天能够在我们面前毫无顾忌地释放压力和不良情绪。这个时刻终于来到了,我看到了自己努力改进育儿方式带来的成果。

长达半个月的模考中,我按部就班地进行自己的工作。根儿的情绪并不稳定,"妈妈,我有考试阴影了,我一想到那篇英语作文,我就没有办法看书复习其他的功课了。""那就不看书,我们去逛街吃好吃的东西""不行啊,不看书复习,下一科又考不好怎么办?""我们俩一起去找英语老师,让他帮助你消除这个阴影吧。""我自己去找吧,不用你去找老师了。"他没有去找英语老师,也没有再失控,他用自己的方式在调整心态。有一段时间,他不看书复习,而是用做面包的方式让自己的心境平和。他正在经历自我成长的过程,我只是远远地关注他调整自己的过程,没有进行太多干预。一周后进行了第二场英语考试,根儿觉得"还可以",我心里踏实了,他的"还可以"表示他满意自己的考试。

英语模考中根儿经历的失落、绝望、无助、愤怒、后悔……成为他生命的重要体验,经历绝望后的心态调整过程为他参加五月的国际考试做足了心理准备,这个心理准备最后还真的派上了用场。

4月中旬,英语考试成绩出来了,根儿的英语成绩是A星,位于最好的成绩之列。他平静地告诉我:"妈妈,我这次模拟考试的成绩每一科都是顶级成绩(这次模拟考试,根儿的数学、化学和生物都考得年级第一),其他科目的成绩我觉得货真价实,只有英语不是。英语试卷不是我的英语老师改的,是另一个老师批改的,他的标准太松了,所以我得了我高分;如果按照我的英语老师的标准,我只能得个B。"我向他表示了祝贺:"以后有经验了吧?你认为写得不好的作文,老师不一定认为你写得不好,不要对自己太苛刻哈!"

在国际考试来临之前,我问根儿是否还有对英语的心理阴影。他对5月的国际考试信心满满,眼睛里透着自信的光芒:"模拟考试时,作文写得这么差都得了A星,国际考试怎么也可以得个A嘛!我的英语作文不会写得太差。老师说了,我写不出来那种很优美的文章,但我的作文在逻辑、语法和其他方面都很好,只要不报考医学、法律和文学专业,我的英语成绩是没有问题的。"根儿在经历了成长之痛后,学会了积极看待自己的优势,获得了心灵的力量!

学会调整考试失利后的心理

五一劳动节后,根儿的高考就要开始了。他的目标是剑桥大学生物系,生物成绩就显得至关重要。他期望自己能够获得世界第一或者中国第一,进入剑桥大学的目标才有希望实现。在这样的压力之下,根儿走进了考场。

生物考试一共要经历三场,三次考试成绩的平均值作为最后成绩。第一场生物考试结束后,回到家里的根儿一脸乌云。我知道出问题了。他沮丧地告诉我:"唉,我想把每一道题都回答完美,就写了很多内容,超出了试卷留出来的空格,花费了我很多时间,感觉越答越不满意。有一个题目是填写单词,这个单词只要写出来就可以得一分,我知道这个单词,但我写成了复数,这一分丢得冤枉啊!我完蛋了,我的世界第一完蛋了,我的中国第一也完蛋了!剑桥大学不会录取我了!"

这次生物考试让他的情绪受到了极大的影响。第二天将进行数学考试,如果今天不调整好心态,明天的数学将继续砸锅,我决定无论如何要帮助他尽快调整好状态。我安慰着他:"学校每年考上剑桥大学的学生有好几个,他们不可能都是世界第一或者中国第一才被录取的吧?你还有两次考试的机会来拉分，把另外两场生物考好就可以弥补这次的丢分。还有希望的，我们不要放弃嘛！"

晚上，根儿决定做一些数学题，帮助他恢复考试状态和对试题的灵敏度。然而，他做一题错一题，不断地发火大叫："又错了！又错了！"见他这种状态，我建议他不要做题了，我们到皇岗公园散步聊天。他对我吼叫着："我现在完全不在状态，今天再不做题，明天怎么能够考好！"无奈，我只好任由他在家里做练习题，自己出门跳健身操去了。

9点跳操运动结束后，我回到家里，根儿还是在书桌前做数学题，依然是做一题错一题，依然是在错题后大叫："又错了！又错了！"我告诉他："你现在要调整的不是技术，而是情绪。你情绪导致了你每做一题都会错，错题又让你的情绪更加不好，你现在就处于这种恶性循环中。"根儿不理睬我，继续做错题，继续发火大叫："又错了！又错了！"终于，我忍无可忍，发火了，也大叫一声："不要做题了！"随即我就察觉到自己的失态，立马进卫生间洗澡去了。

洗澡出来，我走近根儿，抚摸着他的头（他喜欢我这样摸他的头）："非常抱歉，我不该对你发火。我知道你难过，看到你的这种状态让我难受，原谅妈妈哈！"根儿把头靠在我胸前，完全放松了下来，平静地说："妈妈，我把这道题做完就不做了。"这场风暴平息后，根儿收拾好第二天数学考试的用具，我们俩一边看电视一边聊天吃水果。11点后，他洗澡睡觉。第二天早上，我看着情绪饱满的根儿，问："准备好考试数学了吗？"他回答："没有问题了。""要知道，你是个非凡的数学天才，去吧，考个好成绩！"我们贴脸告别。

之后的各科考试都非常顺利，直到8月中旬我们才得知根儿的国际考试成绩：生物、物理和化学都获得了100分，数学96分（A星），英语85分（A）。其中，生物成绩获得了中国考生第一名。在这个成绩标准中，100分不代表没有错误，而是按照1∶200的比例选出这门学科中最好的学生，被选中的学生的成绩都为100。国际考试中取得优异的成绩仅仅是个前奏，我鼓励着踌躇满志的根儿："没有你进不去的学校，从小学到高中，你想进入的学校都成功了，这次也没有例外！"

我问根儿："你还记得生物考试的那场风波吗？是不是因为紧张产生错觉，答对了的题目也认为自己答错了，要不怎么会是中国第一呢？"根儿说可能是在难度较大的题目上他发挥很好，得益于他之前看了英国大学的教材。凭借国际考试的优异成绩，根儿取得了剑桥大学的申请资格和面试资格。

学习效率与睡眠玩乐的关系

英国的一所中学有这样一条校规：你需要充足的睡眠来保证有效率的学习，请不要游戏到太晚，更不要学习得太晚。英国人认为，游戏太晚是孩子的本能，学习太晚那就是愚昧可笑的了，不懂得睡眠休息玩乐与学习效率的关系。根儿从来不会因为学习忙到很晚睡觉，我们也不让他这样。他很早就懂得了学习效率与睡眠玩乐的关系，并且能够把控好这样的关系。

国际考试要经历一个月。期间，如果上午没有考试，根儿每天睡到11点起床，然后开始看书复习。如果电视里有NBA的节目，他会为了看节目早点起床，一边看NBA，一边复习功课。看书一小时后，他会玩两小时的电脑游戏。我一直认可他具有一心多用的功能，所以从来不要求他要"专心"做作业，我不问学习的过程，但要看学业的结果。

国际考试中，根儿需要参加的考试共有15场，有的考试在上午，有的考试在中午（12点半开始考），还有的考试在下午。我有一丝担心他对考试时间的把握，忍不住提醒了一句："你千万不要把考试时间弄错啊！"根儿看着我说："我的学习和考试，什么时候让你操过心啊？"的确，从小到大，他的考试我从来没有操过心。我选择了把自己放在工作中来忘记对根儿的担忧。当我将这次漫长的高考当成检验他自我管理能力的机会时，反而没有了心理负担——就让他自己管理吧！

有人会问："万一出了差错呢？那不就耽误儿子了吗？"这个问题当时我也想过，而且我采用了自己的方式来帮助他不出差错，我采用的方式是关心他的吃饭问题，每天我会问："儿子，明天要我起来做早餐吗？"如果需要，说明明天早上有考试；"儿子，明天中午需要提前吃饭吗？"如果需要，说明明天中午有考试。根据他的回答，我就知道第二天是否有考试了。而这样的方式不会让根儿感觉无能，也让我的提醒心理得到满足。其实，根儿的考试安排表就放在他的书桌上，每天晚上他会看一下考试安排，每一场考试结束后，他都会用红笔划掉这次考试。

正值根儿高考期间，世界斯诺克锦标赛开始了！这是他最喜欢的体育项目，每年的这个时候他都会守住电视机看到深夜。那年虽然处于高考阶段，他也没有放弃希金斯与特鲁姆普的对决。我们希望小将特鲁姆普能够战胜老辣的希金斯，支持他保持自己打远台的特色，又担心他的坚持会输掉比赛。这个20岁的年轻人第一次参加这样高级别的决赛，始终没有乱阵，更没有轻易放弃自己的打法，他不将输赢放在眼里，而将决赛当作"玩"，尽情展现自己高超的球艺，给我们带来的不仅仅是精湛球艺的享受，更感受到他坚持做自己的人格魅力！我们对特鲁姆普的讨论，实则是在帮助根儿稳定考试期间的情绪和心理——考试中要尽力去展示自己的长处，不要患得患失！

参加社会实践活动是申请剑桥大学的关键

在根儿填写的大学申请资料中,需要填写学生所参与过的社会活动或相关学科的实践活动。留学指导老师告诉根儿,在他们国家有着这样的传统:高中学生到国家各个科研部门进行学科实践活动都会受到欢迎,科研部门的工作人员曾经在高中时享受过这样的"照顾",这样的传统惠及了一代又一代对科学感兴趣的孩子,保证了国家的科研后继有人。然而,我国却没有这样的传统,中国孩子在高中阶段要想进入科研机构进行实践活动是非常困难的。老师也深知中国现状,他对学生说,如果你们没有学科实践活动,就让这一栏空白。

根儿大学申请学习的专业是生物专业,为了不让这个项目空白,他准备利用暑假进行了与生物相关的学科实践活动。于是,我们使出了浑身解数,收罗了所有在科研机构工作的亲戚和朋友,请他们帮忙联系根儿的实践活动。最后,根儿的冬姨给予了我们极大的帮助。

暑假,根儿来到了中国科学院昆明植物研究所进行研究实践。刚进入研究所时,根儿跟着在这里做课题的博士和硕士们学习一些基本操作,很快就成为他们的助手。一个月后,根儿为自己设立了一个小小的研究项目,项目的研究可以直达植物DNA的提取。根儿经历了这个项目中实验的失败与成功。有一天,在回家的路上,他轻松地对我们说:"今天的实验失败了,我不知道我的项目最后的结果到底如何。失败也是一个结果,成功也是一个结果,都是一个结果。我明天要重新做。"根儿已经能够用哲学的方式来看待事物发展的结果。他对研究结果从容淡定的心境是一个科学研究者的基本素养，这样的素养能够让他享受研究的过程，坚持并快乐着。根儿的研究项目得到了实验室老师的支持和帮助，他们感受到了根儿对科学研究的严谨、认真、执着和热情，从各个方面关怀着这个高中学生，这让我深受感动。

在研究所里工作的一位外国专家，看到根儿做的研究，不解地问他："这样的研究一般是30岁以后的人才会静下心来做的事情，你这么年轻就如此喜欢做研究，为什么？"根儿听到他的问题，当即就懵了，回答道："我还没有想好怎么来回答您的问题。"回家的路上，根儿还是一脸茫然："妈妈，我很奇怪教授的问题，我天生就喜欢做科学研究，我不理解他的问题。""下次你就把这句话告诉他，'我天生就喜欢做科学研究'，这就是你的答案。"两个月的研究实践活动结束之时，根儿圆满地完成了研究报告。

参加剑桥大学的面试

面试的准备

为了保证学生顺利进入牛津和剑桥大学,深国交留学指导中心为学生做足了面试前的准备工作,安排了专门的老师为报考剑桥和牛津的学生提供个性化辅导。根儿和另外两名同学一起报考了生物专业,为他们三人提供个性化辅导的是现任院长Joe Greenwood先生。他每周都会给三个孩子进行一次辅导,直到学生参加面试。Joe Greenwood先生的辅导课不是让学生做练习题,而是引领学生从生物遗传学的角度来探讨人类伦理道德,还有对逻辑学的讨论。他为根儿推荐了包括 The Selfish Gene(《自私的基因》)在内的几本书籍,根儿对 The Selfish Gene 非常感兴趣。根儿制订了阅读计划,每天完成了阅读的计划才出房间休息放松,即使身体不舒服也要完成当天的阅读内容。每当对书中的观点有感悟时,他都会兴奋地与我交流,交流的内容涉及人类进化历程中的自私性、人类的团队需要、家族和种族之间的矛盾与和谐关系……他像一个演讲者一样大声地谈论自己的观点。在享受交流的过程中,我们可以不断完善对方的价值观建构。

面试时,学生需要提交材料给面试官。根儿将自己在中科院昆明植物研究所做的实验写成了论文,经过了深国交指导老师的审核,按照国际论文标准格式修改好之后,准备在面试的时候呈交给剑桥大学面试官。

为了更好地展示根儿的素养，我们决定将他平时的厨艺成果做成画册。我精心挑选了一部分照片，根儿进行了排版并配上英文说明，在印制社做成了一本精美的画册。在面试中，这本画册深深地吸引了面试官，成为他面试成功的关键因素。

除了安排老师帮助孩子们辅导申请大学，深国交还会安排往届考入剑桥大学和牛津大学的学子，回到深国交与学弟学妹们进行交流。尽管有了他们的经验，根儿经历面试时，依旧努力表现自己最好的一面。根儿认为师兄的经验不能够照搬照抄，做本色的自己才能够得到面试官的认可。我们一直教育根儿要做真实的自己，不要去迎合他人的意图，过度揣摩他人的心思而行事，将失去自我并耗尽正向能量而一事无成。

获得剑桥大学面试资格的学生，可以选择上海和英国剑桥大学进行面试。根儿选择了到英国剑桥大学接受面试。我有些担忧，根儿没有一个人独自去过国外，面试会有很大的压力，他能够应对吗？万一生病怎么办？

在交流中，根儿告诉了我他选择去英国面试的原因，他说："第一，在上海参加面试的都是中国人，他的长相不能够给面试官留下深刻印象；如果到英国面试，绝大部分面试的学生都是西方人，他虽然长得不英俊高大，但他的独特会给面试官留下深刻印象。第二，上海的面试官虽然来自剑桥大学，但不一定是他所报考学院的教授，面试官的专业不是生物学方面的，面试时不利于发挥自己的专业特长；由于中国考生报考经济类、数学和工程类较多，所以面试官更多来自这样的专业。第三，上海面试的方式和英国不同，英国面试有更多的机会发挥自己的特长，有更多的时间与面试官进行交流，面试通过的希望会更大。第四，想去看看梦想中的剑桥大学，同时去爱丁堡大学参观一下；如果申请剑桥失败，可以去爱丁堡大学。"看得出来，根儿是经过深思熟虑之后才做出了决定，我们尊重他的选择。定下了英国的行程之后，根儿自行在网上购票、订餐厅、订旅馆。

面试的经过

根儿的第一场面试于上午9点开始，他早早起床到校外吃了早餐，提前到达考场等待。我给他电话时，他已经吃完了早餐，我闲话少说，只对他说了一句话："你已经准备好了，好好地展示自己吧！"孟爸想对根儿说"你不要紧张，不要害怕"之类的话，我阻止了他。

9点40左右，根儿来电话说"第一场面试结束了"。他给我讲了面试的经过：他正上楼梯时，迎面来了一位先生，他问某老师（面试官）的办公室是哪一道门，此先生告诉根儿他就是面试官。然后，老师说自己口渴，邀根儿一起去喝杯茶。他跟着老师来到一个简单的教师休息室，老师自己泡好茶，根儿弄了一杯薄荷水，然后两个人开始聊了起来。

面试官从入学申请中对根儿有了基本的了解，他问根儿："我知道你很会做美食，你喜欢做什么样的美食呢？"根儿立即拿出准备好的美食小画册。老师一看到封面上的意大利面便发出感叹："这意大利面看上去太好吃了啊！"他没有想到一个中国男孩能够做出精美的西餐。他继续让根儿讲解画册上各种美食的做法，还询问根儿是否会做广东美食。老师讲到了自己对厨艺的喜爱，他曾经很想学做中国菜，因为买不到中国炒菜的大锅而放弃了。或许，这是老师让根儿放松的一个调侃，却让我感到了老师对根儿的理解。20分钟很快就过去了，面试官带着根儿来到了他的办公室，在进行专业知识讨论时，根儿拿出了在中科院植物研究所做的实验报告。他们讨论了10多分钟后，面试官让根儿在画册和实验报告上签名，他留下这两份资料后，结束了第一场面试。

根儿觉得面试官没有提出高难度的专业问题，所以他没有机会展示自己掌握的生物遗传学知识，感觉有一些失落。我告诉他："面试官不在乎你的专业知识有多深厚，主要看你是不是他想要的学生。他与你详细交流美食的做法是想考察你厨艺的真实性，与你交流实验报告也是这个目的。现在，他知道你是一个诚实并热爱生活的人，是一个认真做事的人，剑桥大学一定会喜欢这样的学生。或许第二场面试会着重专业知识的考核，你只要准备好就可以了。"简单说完后，根儿立即奔赴另一栋楼，接受第二场面试。

第二场面试是两位面试官。面试一开始，根儿就将美食画册和实验报告呈交给了老师，两位老师被美食画册深深地吸引住了，他们惊叹不已，对根儿说："科学家都是会做美食的啊！只有伟大的科学家才能够做出这样的美食来啊！"面试的话题更多地围绕着根儿的厨艺，两位老师也没有与他讨论高难度的专业知识。面试结束时，根儿留下了画册和实验报告。

面试结束后，根儿立即给我打电话，他感叹道："妈妈，我白白地花费了这么多的时间准备专业知识，好像带了一大包钱来，结果还没有花出去，面试就结束了！我还盼望着面试官提出一些高难度的专业问题，给我大显身手的机会，结果还没有大展拳脚就结束了！"我笑着告诉他："台上一分钟，台下十年功。你认为的简单，对于没有付出过的人就会觉得很难啊！"他还是觉得很遗憾："我练了十年功，在台上才展示了半分钟，就闭幕了啊！"

根儿的面试给了我一个启示，我认为剑桥大学在面试学生时，重点看的是你的整个人格素养，而非学生的专业水平。学生来到剑桥本身就要学专业知识，所以，专业水平只要达到基本要求就可以，但人格的基础素养是剑桥看重的。他们想挑选的学生，是在18年的成长中，已经具备优秀人格素养的人。

与霍金先生的偶遇

面试结束的当晚，根儿来到剑桥大学里的一家小餐厅用晚餐。出发到英国前，他就在网上预订好了今晚的美食，用这餐美食来犒劳自己面试过关。这家餐厅坐落在一条小河边，烛光映照下的餐厅显得格外温馨。从窗户看出去，可以看到河里游着野鸭和天鹅，鸭妈妈和天鹅妈妈们都带着自己的宝宝在河里嬉戏。正值圣诞假期，学生都回家过节了，来餐厅用餐的人很少，当晚只有儿子一人在用餐，所有的服务员都为了这个来自异国的客人服务。餐厅的美食和服务让根儿非常满意，根儿对虾汤评价道："太鲜了，就像用一只龙虾熬制出来的，喝一口就被鲜昏了……"

从餐厅出来后，根儿在剑桥大学里散步，远远看到一个坐着轮椅的人，心想，这是霍金先生吗？走近一看，果然是霍金先生！他听到霍金先生轮椅发出电脑语音：我很冷。护理霍金先生的年轻女士帮他戴上了帽子。"妈妈，霍金先生的行踪是很神秘的，很少有人能够遇见他，而我遇见了！"根儿在电话里告诉我这一幕时，声音很平静。我听到后却激动了起来，这或许是一个好兆头，剑桥大学真的是一个圣地啊！一不留神就遇见了当今世界的伟人！我兴奋地问："你从霍金先生身边走过，怎么不向他表示你对他的仰慕呢？可以和他照张相啊！"霍金先生是根儿非常崇拜的科学家之一。他说："妈妈，不可以随便打搅别人，这是对别人的尊重！街上来来往往的人群中，没有一个人去打搅霍金先生！"他告诉我："剑桥大学有一个传说，有幸遇见霍金先生或者不慎落入剑桥河中的学生，会在每年的学业评奖中获得优秀。"他似乎在暗示自己会进入剑桥大学，并在每年一度的学业评奖中获得优秀。我相信根儿，他一直都被幸运之神宠爱着、保护着！根儿在剑桥的学业成绩似乎已经证明了这个传说。根儿在进入剑桥大学后的第一年和第三年都获得了优异成绩，并被剑桥大学耶稣学院载入年鉴。

根儿选择到英国读书的一个重要理由就是"英国有拉姆齐"，选择剑桥大学的理由是"剑桥曾经有牛顿，现在有霍金，剑桥大学有更多的科研成果"。根儿在英国面试期间，还来到了他的偶像拉姆齐的餐厅用餐。服务生见他带着一个小老虎玩具，以为他是与女友约会，小老虎是送给女友的礼物。一番交流之后，服务员才明白根儿是一个人来用餐。他告诉服务员："我来自中国，非常喜欢拉姆齐，自己也喜欢美食，所以来这里的餐厅品尝美食。"得知根儿喜欢拉姆齐，大厨亲自带领根儿参观了餐厅的厨房，手舞足蹈地为根儿介绍他的厨艺。这让根儿异常激动，他告诉我："妈妈，任何一家餐厅的厨房都是不准许非工作人员进入的，在拉姆齐餐厅，我居然能够进入厨房里参观。哇！厨房太干净了，所有的厨具都干净得闪闪发亮！"根儿对拉姆齐的热爱和真诚感动了餐厅的工作人员。在拉姆齐餐厅，他不但享受了美食，还享受到了来自餐厅工作人员的真情相待。

剑桥大学的橄榄枝

剑桥大学发来了预录取通知书

2012年1月的一个晚上，我忙完了工作已经是夜里10点半。此时，根儿平静地与我搭话："剑桥大学的学费涨价了，现在一年的费用需要2万英镑了。"我问："你在哪个网站上看到的啊，准不准确啊？"根儿说："不是什么网站，是邮件。"我心里立即有了预感，显得有些紧张："哪个发给你的？""剑桥大学发来的。"我兴奋地问："通知来啦？！"他面无表情地嗯了一声。我跳了起来："啊啊啊！通知来了，你居然居然居然不告诉我！我打你打你！老妈就这样被蒙蔽了！"我的拳头落在他背上，根儿故作平静的状态被打破了，他也笑了。为了这个让人激动的时刻，我们等得太久太久了！

根儿开始翻译剑桥大学发来的预录取通知书：我们高兴地通知你，你可以来我们学院学习……我已经来不及听下文了，梦想成真的感觉原来是这样的——不知所措！我在房间里走上了几圈后，激动地抱起我们养的小猫咪。可惜猫咪不理解我的心情，依然像往常一样拒绝拥抱，拼命挣脱了我的怀抱。我转身对根儿说："我们应该来个大大的拥抱！"他张开了双臂，我们拥抱在一起："妈妈，我们明天去吃自助餐，到我们最喜欢的餐厅庆祝一下！"我立即回应："好的好的，当然要庆祝！"

立即想到要与孟爸分享成功后的喜悦。曾经，孟爸说："接到录取通知后，告知消息前需要提醒我做好心理准备，不然，我可能会疯掉哈！"电话打过去，孟爸正在和朋友在吃夜宵。我问："你是听到录取的消息会疯掉还是听到被拒绝的消息会疯掉呢？"孟爸大声问："通知来了吗？""是啊，通知来了。""那我听到拒绝的消息会疯掉。""好吧，看来可以告诉你，儿子收到被录取的通知啦！"孟爸大笑起来。我在这边安抚着："不要疯啊，不要疯啊！"

第二天一大早就给我的父母电话报喜。根儿出生后他们一直帮助照顾，对他的情感十分深厚。得知根儿报考剑桥大学后，母亲每天都在家里烧香求菩萨保佑；得知根儿收到通知，母亲高兴地说："哈哈，我们家今年中状元了啊！我还是继续为他烧香求菩萨保佑哈！"

预录取即为有条件录取，这份通知不是最后的录取通知。学生需要达到剑桥大学对学生A2年级下学期期末国际考试的成绩要求，才能够最终获得剑桥大学的正式录取通知。每个获得了预录取通知的学生，大学对其提出的最终录取条件有所不同。剑桥大学耶稣学院给根儿提出的成绩要求是，在数学、物理、化学、生物四门学科的考试中，任意一科成绩要达到A星，其余三科成绩达到A，没有雅思成绩的要求。

除了对学生成绩要求外，还有一份家庭财产的要求。我们必须出示资产证明，要求我们能够支撑孩子在剑桥大学三年的学费和生活费用。资产证明需要有律师或者银行的证明文件，同时，还需要提供父母支持信，表达父母愿意在经济上支持孩子完成在英国三年的学习。所有文件必须翻译成英语，在通知要求的时间（只有两周的准备时间）邮寄到剑桥大学耶稣学院。资产证明也是根儿被录取的必备条件之一。如果不能够按时提交，根儿将失去入学资格。我们迅速准备好一切资料，快递到了剑桥大学。

进入剑桥大学的路是如此漫长，虽然我们已经顺利通过了最艰险的一段路程，在余下的路程中不敢有半点松懈。收到预录取通知后的兴奋与幸福感转瞬即逝，回归平静的心态，备战5月的国际考试。根儿的高考还没有结束。

找到内心的"定海神针"，迎接考试

根儿对剑桥大学给他的最终录取条件非常不满，他不断地抱怨剑桥大学对他的不公："为什么有的同学才要求一科成绩达到A，最多的也才被要求了三科成绩。我是历史上被要求最高的，为什么对我提出四科成绩的要求！！难道我不够优秀？！是不是故意给我设置这样的条件，不想要我？！"

剑桥大学的成绩要求给根儿带来了巨大的压力。他担心数学成绩不能够达到A，每天在做练习题时都会有情绪。我静观其变，不主动与他交流。一天晚上，我们一起吃饭，根儿主动对我谈起他的焦虑："妈妈，数学不难，但计算太烦了，一道题目有多个公式，我总是会看错一点点，然后结果就错了。"

我回应："嗯，那你就慢一点，看清楚了再做。"

根儿："我真后悔选了数学。我可以只选三科，后来老师说数学成绩对于上剑桥很重要，我才选了。唉，到大学也用不着这些，不该选啊！"

我："虽然可能用不着你现在学的数学知识，但是，通过数学练就的仔细和耐心是你成为科学家的基础。有时候，我们可能不愿意做一些事情，但这些事情又是我们必须要做的。就像你现在，没有数学成绩你就进入不了剑桥大学，我们唯一的选择就是做好这件事情。"

根儿："但是我不喜欢的事情，我就是不想做！"

我："还记得你小学毕业时参加成外升学考试和参加华罗庚数学竞赛吗？那个时候我没有陪你，我当时在安徽讲课，住在合肥一栋要拆掉的破旧招待所里，每天一个人吃盒饭，只有看电视打发时间，这样过了近20天。那个时候我非常痛苦，但我一直让自己静心等待，我不能够错过那次讲课的机会。那段经历就像修炼，练就了我在任何糟糕的环境下都能够平心静气地度过每一天。还有，妈妈在成外附小当校医的经历。"

根儿感觉好奇："你当校医时怎么了？"

我："为了能够有机会做小学生性教育研究，我才一直坚持做校医。妈妈以前在儿童医院做医生，后来在云南省卫生学校（现在已经并入昆明医学院）做老师。这些工作都比我做校医舒服，但我还是为了陪你，为了做我的研究，坚持到你小学毕业。你知道吗？正是有了这段经历，让我练就了现在的定力，无论发生什么事情，我都可以静心地写书和做讲座。"

根儿："其他同学没有我遇到的这些麻烦，也进了剑桥大学。我精心准备，多选了数学，还给自己找来麻烦，这不是白白浪费了吗？！"

我："有时候，我们所经历的事情在当时看似与我们的将来无关，其实不是。数学帮助你练就耐心和定力，为你以后的科学研究打下厚实的基础。有很多科学研究人员都在做研究，但只有很少的人能够成为新世界的发现者，这个发现者一定是坚持度过了其他研究人员放弃的那一段艰辛，才走到最后。你将是走到最后的那个发现者。中国有句古话：'天将降大任于斯人也，必先苦其心志，劳其筋骨。'现在的你就在'苦心志，劳筋骨'，这是上天为了你的科学家之梦馈赠给你的礼物，其他同学还没有这份幸运呢！"

根儿："我喜欢科学实验，所以再难我也能够坚持下去，但不喜欢今年的数学！"

我："你可以不喜欢数学，可以为此生气，但你不可以放弃它。放弃数学就等于放弃剑桥，你不会愿意这样做。当一个科学家不容易，既要做喜欢的事情，还要做好不喜欢的事情。"

根儿起身走到阳台，愤怒地大叫："为什么面试官要求我四科成绩，难道我不优秀？"

我："你认为你是否优秀？"

根儿肯定地："我当然是最优秀的学生！"

我："全世界的优秀学子都汇集在剑桥，每个孩子在面试官眼里都是珍宝，你是一颗与众不同的珍珠，不然他不会录取你！面试官在短短的时间里，或许没有发现你是最优秀的学生，但他给了机会让他再次发现你，于是录取了你，并且他将成为你本科学习的导师，这就是你证明给他看的机会啊！"

根儿吃惊地回过头来看着我，眼睛里闪过的一丝柔软的光芒，一扫刚才的厌恨和愤怒。我继续道："如果你不精心准备，你怎么有刚才这般自信，说自己是最优秀的？所以，你没有白白浪费时间来为你的梦想做充分的准备。每一次努力都不会白费的，儿子！"

我告诉根儿：不要因为他人（这个他人在孩子眼里可能是权威）对你的看法而改变对自己的看法；不要计较生活给你的磨难，那可是上天赠予你的一笔宝贵财富；不要因眼前的困难迷失了内心的目标。当你不顺心的时候，可以生气，但不可以将目标放弃。我希望这些人格品质会成为他内心的"定海神针"，在未来的科学家之路上能够走得更远！这是我这么多年来自己对儿童教育研究的收获和体会，借着这次机会传递给了儿子，感谢上天赐予我的教机。

第二天上午早餐时，根儿和我主动谈道："去年考入剑桥学习生物专业的同学，也是被要求了四科成绩，比我的条件还要高，两个A，两个A星。"我回应："或许剑桥大学生物系的要求是要高一点，这是很前沿的学科，也是剑桥的强项啊！"他的心已经平静地接纳了数学。晚上，他做完练习题后告诉我："妈妈，今天的题目都做对了！"我回应："拿出你的'定海神针'放在内心，那些数学题目就会乖乖听你的啦！"这次谈话后，"定海神针"显示出了巨大的威力。从此，根儿每天晚上都会认真地做数学练习题，然后对照网站提供的标准答案用红笔修改。即使做错了，也不再会发脾气，而是静心修正。

近二十年的养育终于梦想成真

等待剑桥大学正式录取通知书的过程是如此的煎熬，我会忍不住地问："你真的能够被剑桥录取？！"根儿从容淡定地回答我："妈妈，如果学校里有一个学生被剑桥大学录取，那个人就是我！一定是我！"

2012年8月13日，根儿收到了考试成绩通知，数学、物理、化学和生物四科成绩全部达到了A星，满足了剑桥大学给根儿的录取条件。其中，进阶数学（Further Mathematics）成绩获得中国第一，三科总分（Best Across 3）获得中国第一，根儿进入剑桥大学已经没有问题了。8月16号，根儿收到了剑桥大学正式录取的通知；8月21号，根儿收到了录取号码。至此，所有的录取信息全部收到，让我们足足地松了一口气，近二十年的养育终成正果。

根儿所经历的高考，与我当年经历的高考完全不同。当年我只需要为考试分数做准备，而根儿的高考却经历了确定专业方向、找到适合自己的大学、完成个人陈述、参加模拟考试、经历国际考试、社会实践、办理签证、独自去英国面试、预录取、正式录取的过程，还经历了一次又一次的考试，一次又一次焦急的等待，一次又一次填写表格和相关资料……每一个经历都是根儿高考的一个重要组成部分，坚持走好每一步更是磨砺根儿耐心和信心的过程，根儿在经历高考的过程中完善着人格的塑造。我相信，在未来面临处理人生中的大事时，根儿已经具有了冷静、信心、勇气和忍耐力，这是高考为根儿带来的终身财富！

"妈妈,我觉得考上世界名校不难!"这是根儿考上剑桥后的感慨。有了剑桥之梦的实现,他的眼里不再有战胜不了困难,不再有跨越不过的难关。朋友得知根儿考上剑桥大学后,激动地告诉我:"剑桥之梦能够实现,诺贝尔奖的梦想对他来说也是能够实现的啊!"我将朋友的话转达给了根儿,当时他没有出声,过了几天,我们在地铁上聊天时,他突然非常认真地对我说:"妈妈,我也认为诺贝尔奖对于我来说是可以实现的梦想!"曾经,我将科学家之梦的种子播撒在了他的人生理想之中,现在又将诺贝尔奖的种子播撒在他的人生目标中,我们期待着这颗种子能够生根发芽,开花结果!

Chapter 6
兴趣给孩子带来的成长

养育根儿，让我明白了兴趣爱好能够成就孩子的人格品质和学业前景，也能够给孩子带来幸福和快乐的人生。

从小保护根儿对厨艺的热情

根儿一旦系上围裙,就像变成了另一个人似的,仿佛有另一个灵魂进入他的躯体。我常常开玩笑:"根儿的前世一定是个伟大的厨师!"

满足根儿尝试厨艺的心理需求和物质需求

根儿从4岁开始喜欢上了厨艺。从幼儿园回到家里,他就到厨房里看我做饭,帮助我做一些简单的事情,比如递一下盘子,洗一棵小葱,打鸡蛋等。每次吃饭时,根儿特别享受他参与的菜。我教会他做的第一份完整的食物是蛋炒饭。从打鸡蛋到蛋炒饭出锅,整个过程由根儿独立完成。我的任务是教会他安全使用炉灶。由于根儿个子太小,还够不到灶台,我就给他搭一个小凳子,这样他就能够操作了。我认为做饭能够锻炼根儿的动手能力,弥补传统幼儿园和学校里孩子动手机会的不足,所以非常支持他的这一爱好。

后来,一位朋友送给根儿一本由日本小学馆授权、浙江教育出版社出版发行的彩色图画书《儿童生活趣味百科》,这本书用图文并茂的形式,介绍了各种食物的做法,比如,面粉是怎么来的,如何做成面包,等等。内容丰富且简单易懂,非常适合儿童阅读。根儿非常喜欢这本书,在认真阅读几个月后,他提出要照着书中的方式烤蛋糕,我们立即购买了烤箱和面粉。

就此,根儿开始了他的厨艺之路。他按照书上的步骤,将鸡蛋与面粉搅和在一起——做好形状——放进烤箱——面包出炉——装点果脯——与我们分享，他非常享受这个过程。根儿7岁上小学后，学校对面刚好开了一家外国食品商店，每天放学后，他都要进到这家商店转悠，有时会买一些他需要的食材。我与孟爸对他的需求很配合，不论他的蛋糕做得如何，我和孟爸都欣然分享，从未对他做出来的任何食品有过负面评价。我们觉得这就是他玩的过程，只要他愿意玩，而且玩得快乐，便没有了其他要求。所以，根儿对厨艺的兴趣从来没有被伤害过。

根儿喜爱西餐，对面包、牛排、羊排、通心粉、罗宋汤等感兴趣，我们就常常带他到西餐厅品尝美食。每次到西餐厅品尝了这些食物后，他都会到超市买回西餐的原料，按照自己的想法烹饪西餐。我们在成都和深圳租住的房子里，都为根儿准备了他专用的橱柜，用来摆放他购买的各式进口调料和西餐食材。几乎每次放假回到昆明，根儿见到孟爸的第一句话都是："带我们到超市，我要买东西做厨艺了。"无论根儿需要怎样的食材，我们都会尽力找到。一次，根儿要在面包中放入麦麸，我们到超市里买不到这样的麦麸，孟爸就开车到各大农贸市场寻找，最后在一家偏远的粮油市场里找到了。价值7元一袋的麦麸，花费了我们一整天的时间。

厨艺中的安全保护措施

根儿在厨艺中会用到一些涉及安全的用具，使用之前我都会详细为他讲解使用方法，同时告诉他不可以违反的规则。比如，使用刀具切菜，我们为根儿准备了一把大小适合他的切菜刀，我示范正确切菜的方式，这样的方式不容易伤到手指。第一次使用烤箱烘焙蛋糕时，我为根儿示范操作方式，特别提醒他不可以直接用手去取出刚烤好的蛋糕，一定要戴上隔热手套或者用毛巾垫着手才可以去取。使用煤气炉炒蛋炒饭时，在往热油里倒鸡蛋时，要注意防止热油溅起烫着手，而且记得使用完炉灶后关火。

示范后让根儿亲自操作，我会在一旁观察，如果有不安全的行为，我会提醒他，重新用安全的方式进行。经历多次独立操作，完全达到我的安全要求后，我就基本放手了。根儿在这个过程中也建构了安全的意识和能力。多年的厨艺制作中，他没有发生重大安全事故，只是偶尔会在切菜的时候割伤手指表皮，用创可贴贴上就没事了。

思考和计算育儿行为的价值

在根儿小的时候，为了根儿保持手的干净，我们阻止他玩泥巴，玩面团，没有给他提供满足手的触觉发展的各种条件。虽然培养了儿子的卫生意识，却也导致根儿不敢放开地去进行手的探索，这是因我对儿童发展的无知所导致的。

记得一次在包饺子的时候，根儿在桌旁很想像我一样揉面，我阻止了他，他仍然用一根手指来摸面团，我便给了他一小块，那是唯一一次给他面团玩。现在想起来我很后悔，为什么不舍得给儿子一袋面粉，让他的双手尽情地揉搓面团，感受面团呢！传统的"节约粮食"观念束缚住了我们感受孩子发展需要的心，我们不会计算育儿的价值，往往将物质凌驾于孩子内在发展的需求之上！如果我当初明白孩子的发展需求大于那一点儿面粉，孩子的发展需求大于弄脏的衣服，我就能够智慧地计算出育儿行为的价值，坦然地带根儿玩泥巴，鼓励儿子用手捏烂香蕉，捏破鸡蛋，捏馒头……尽情地丰富手的触觉感受，让根儿明白这个世界属于他，他的探索没有禁区，帮助根儿构建探索的勇气和信心。待根儿满足了这一切的发展需求后，我再来帮助儿子建构节约的观念也不迟！

现在，我已经懂得了计算育儿行为的价值，所以，我坦然接纳根儿在厨艺中的"浪费"行为。根儿的厨艺兴趣此消彼长，一段时间对烤制牛排乐此不疲，一段时间又对烘焙面包热情高涨。有时候他半年都不进厨房，我们以为他对厨艺已经没有兴趣了，也就随他。对于没有使用完过期了的配料，我们会扔进垃圾筐，并从来不为此责备他，不让他为了一些配料的浪费产生心理压力。

根儿17岁的时候，有一段时间烤面包的热情突然高涨。持续了几个月，为了烤出法式面包的味道，他不停地实验，虽然每天烤的数量就三四个，但烤出来的面包常常吃不完。开始的时候我们还将面包送给邻居，孟爸说这样的面包还是不要送了，味道与国人喜爱的相去甚远，人家不喜欢吃。于是，如何处理这些面包成了我们的棘手问题。

面对吃不完的面包，我该怎样来处理？如果扔掉面包，这是浪费粮食的行为，与我所受的教育相悖；如果要求根儿吃完自己烤的面包后才可以继续做烘焙，根儿烤面包的热情稍纵即逝。这两种方式都是我不愿意采取的，但是我必须做出选择，于是，我开始计算两种方式的价值。

扔掉面包的确浪费了粮食，但保护了根儿做面包的热情，他在其中获得了热情、耐心、快乐、创造力、审美、动手能力、反思能力（昨天不满意的地方今天修改）、学习能力（每天改变一种方式）、完成后的满足感、成就感、被欣赏感等。这些元素对于根儿人格的发展至关重要，比起那些被浪费的粮食来说，两害相权取其轻，我应该取舍的是什么就不言而喻了。与根儿谈了我的想法后，我们对面包达成了一个共识：每个出炉48小时还没有被吃掉的面包，将被作为过期食品扔掉。几个月过去了，我们计算了一下，浪费的面粉没有超过5斤。

一些朋友建议将根儿考出来的面包送给别人（包括陌生人、流浪者等）吃，这样不至于浪费粮食。我们也讨论过这个问题，最后，我们达成了共识，送给陌生人的食物应该有国家食品安全检查的证书，否则，如果陌生人出现了相关问题，我们口说无凭。因此，我们并没有这样去做。

厨艺与根儿科学精神的建构

根儿的厨艺经历了从模仿到创新的过程。根儿做美食的过程，认真得如同科学家做科学研究一般。

研制牛排

根儿13岁那年，对研制美味牛排表现出极大的兴趣。研制初期，他试验用不同的火候和时间来煎牛排，发现开始时用大火然后转小火能够让牛排的味道更美；他用手表来掌握放调料的时间，对各种调料的添加也进行反复多次的实验；最后切开煎好的牛排，通过看颜色来判断口感的好坏……根儿对每一次出锅的牛排都会进行总结。遇到难题的时候，他会到网上查找资料，看法国和英国大厨们的经验介绍。他还会到高级西餐厅去吃牛排，通过对比来找出自己的不足之处。现在，根儿研制牛排的技术已经炉火纯青，还会做各种味道的牛排酱，同时讲究牛排摆盘的美观，可以与高级西餐厅的牛排媲美。我最喜欢吃的是根儿做的红酒酱菲力牛排。

研制面包

根儿对自己制作的面包提出了很高的要求，期望能够达到法国面包大师级的水平。为此，面粉一定是进口的没有经过漂白的面粉；揉面要朝同一个方向揉，面团揉好后手感要达到他的标准，不达标的面团将被扔掉；面团放进烤箱里进行发酵，烤箱里要放置一个温度计来测量温度，防止温度过高；发酵的过程中要给面团喷洒水，喷水的时候不能够直接将水喷洒在面团上，而是先喷在空中，然后在水雾落下时用面团来接住飘落的水雾；烤制过程中也要喷水，使面包的颜色更美丽……每一个细节都必须达到他的要求。根儿在掌控这些细节的时候，如同一个科学家在专心进行自己的实验，全身心投入！

在深圳，头一天晚上烤制出来的香脆面包，到了第二天早上，面包皮儿就变软了。对此我解释为深圳的空气湿度大，面包皮吸收了水分，所以变软了。但根儿不相信这个解释，他到网上查找资料，改进面包的配方，还是没有解决这个问题。于是，他提出到一家五星级的酒店去吃自助餐，那儿的面包他吃过，面包表层没有因为空气湿度大就变得不脆，他需要再次去寻找灵感。

在五星级酒店里，他一边专心地研究着自助餐提供的各式面包，一边与我讨论："为什么这些面包的皮儿比我做的面包要薄？为什么没有受空气湿度的影响变得不脆呢？"我说可能是下午才烤制的吧。根儿不满意这个答案。他把面包一点一点地放进嘴里咀嚼，把面包片放在灯光下观察，发现自己的面包配方有问题。从餐厅回到家后，他信心满满地开始做面包，这次他又改进了配方。夜里12点，面包出炉了，自助餐厅给根儿的灵感的确让他的面包有了质的飞跃。然而，第二天，面包皮还是变软了，他开始接受空气湿度对面包皮脆度的影响。因为我们常来这家餐厅，与餐厅经理成了朋友。根儿请餐厅经理介绍他认识做面包的黄师傅，并向黄师傅请教了做面包的方法。反复试验后，根儿的面包依旧会变软。假期回到昆明后，他开始尝试在干燥的空气里面包皮是否会变软，结果依然会变软。这个问题至今也没有找到解决的方法。

研制水果馥兰焙

水果馥兰焙是一道色香味俱佳的餐后甜点。电视里英国厨师做的这道甜点激起了根儿的兴趣,他从网上查找相关资料,然后开始尝试。做水果馥兰焙的过程中,需要用白兰地酒点火烧制。白兰地的量要恰到好处才能够使汁的稠度刚好挂在水果上,入口的感觉才好,这是做好馥兰焙的关键。因此,为了使放入白兰地的量适宜,根儿在经过反复精心研制后,终于得心应手。根儿做的水果馥兰焙味道醇厚,是我的最爱。

为了让水果馥兰焙的摆盘更加靓丽,根儿开始学习做摆盘用的装饰。这个装饰是用白糖熬成糖稀,然后在一个圆形汤勺的背面拉丝而成。根儿用了两个晚上练习拉丝,手背还被烫伤了,留下了一个疤。

从根儿4岁开始学习做蛋糕,到如今的牛排、各式面包、意大利面、水果馥兰焙、冬荫功汤、意大利菜汤、罗宋汤、海鲜饭、美味特制大海虾、傣味海鲜……每一道食物的制作都经历了从不满意到满意的过程,这让他学会了坦然地对待自己,为达成自己的目标做好每一个细节,不断改进,不断创新,这些品质正是一个人科学精神的体现。对于从小勤思考、爱动手的根儿来说,我们没有条件为他提供做科学实验的实验室,学校里不能够满足他的发展需要,厨艺正好弥补了家庭和学校的这个缺陷,将他的专注力、动手能力、思考能力和科学精神保护了起来。

追求完美的过程并非一帆风顺。根儿也会为面包的形状不满意而生气,为意大利面的味道不合格而沮丧,为沙拉的颜色搭配不协调而懊恼,这是他追求完美过程中对自己的苛求。完美主义者往往喜欢折磨自己。每当这个时候我会告诉根儿:"你的情绪污染了我们啊!做面包的过程你要体验快乐和幸福,如果因为一点点不完美,就让我们的快乐消失了,那么,我们得停下来,想想我们做面包是为了什么。"根儿还在成长中,这个过程是他学会调适自己情绪的过程，作为父母，我们要做的就是接纳他的不高兴，然后告诉他如何来调整。现在，他已经学会了接纳自己不完美的作品，孩子就是这样慢慢长大成熟的！

怎样将物质满足升华为精神享受

根儿14岁那年,我们一家三口对物质与精神进行了讨论。根儿坚定地告诉我们:"美食可以带给我最大的精神享受,享受美食是我的最高精神追求!"他对物质与精神关系的认知超出了我的预想。对于物质、精神与幸福的关系,他的理解是:物质幸福是精神幸福的基础,也是最容易满足的、最长久的幸福。没有物质基础就来谈精神,那是虚伪的精神;如果用虚伪的精神幸福来掩盖物质的贫乏,那样的幸福是空洞的,谈不上真正的"精神幸福"。根儿还举例说明了精神的幸福是不长久的:"比如妈妈写书,写书的时候你是幸福的;但书写完了,你的这段精神幸福就结束了。"我说:"没有结束,我的精神财富已经留下了,我又将追求其他的精神幸福了啊!"与根儿的讨论没有谁对谁错,个人有自己的见解和幸福观,我不可以要求他现在就要有"崇高的精神境界",他还在成长之中,价值观还在形成之中,只要他是真实的自己就好!

现在,根儿已经24岁了,他一直实践着这种从物质到精神的体验过程,每一次的厨艺制作对于他来说都是一个神圣的过程,孩子内心的神圣感会内化为高贵的情感。

根儿从视觉、嗅觉、听觉、触觉和味觉来感受厨艺的神韵。金色的"皇冠"让水果馥兰焙高贵无比;每一种香料和食材使用前都会用嗅觉来品味,每一道美食在味觉品尝之前,一定要先用嗅觉品尝;新鲜出炉的面包,放在耳边用手撕裂，用听觉来感受面包的味道；每一种使用的食材他都用手仔细触摸，感受生命的律动；美食最后会进入他的口中，此刻，他更是将全部的情感都汇集到了味觉，这是物质与精神交汇的神圣时刻。每一种由物质而来的感受都升华成了精神的享受，这一刻在根儿的内心是神圣的。

根儿厨艺柜里的红酒、白兰地，各种进口香料、白糖、面粉、发酵粉……都是他精心购买的。有时，放学回家后，第一件事情就是打开他的橱柜，用爱意满满的眼神"抚摸"着每一种厨艺原料，然后，伸出手，拿起一个香料瓶，打开盖子，放到鼻尖下面，享受着香料带来的愉悦。有时候他还会递过来，让我闻一闻。我深知，在对厨艺的精神层面，我和孟爸的层次远远不及儿子！

每一次到高档餐厅享受美食，根儿一定要洗澡，换上整洁的衣服之后，才前往餐厅。他认为整洁的着装才能够与餐厅高雅的气氛和谐一致；身体干净地进入餐厅，与美食接触，才能够更完美地体验美食带来的高品质享受。这种全身心的投入，让根儿的精神与美食神韵完全融合在了一起，这是根儿的追求。

拥有丰富的物质不是高贵，只是富有的象征；高贵是用来形容精神的词汇。当孩子具备了将物质升华为精神享受的能力时，不论财富是多是少，孩子的精神都不会感到空虚。如果孩子很富有，但缺乏将物质升华为精神享受的能力，就会依靠不断追求物质来填补空虚的精神，内心就会被物欲占满，这样的人离生活的幸福感就会越来越远。

厨艺与根儿人际交往能力的发展

姗姗来迟的人际交往能力发展

厨艺成为根儿人际交往能力发展的重要方式。借助厨艺,根儿开始理解人际关系,学习经营人际关系。

根儿自小结交朋友就少。幼儿园、小学、初中,每个阶段他会有一个好朋友。刚到深圳读高中时,他常常独来独往,还没有结交到要好的朋友,也不愿意参加同学聚会。我称他是化学元素周期表中的惰性气体。从小学到高中,老师们也常常向我们反映根儿人际关系的问题,总说他不爱结交朋友,喜欢一个人独处。一番担忧之后,我和孟爸达成了共识:化学元素周期表的存在是因为其中活跃与惰性元素共存,人群也一样,这个世界正是因为有了多种性格的人才变得丰富多彩;如果每个人都活泼大方,没有性格沉闷的人,世界也就不正常了。这是宇宙平衡法则的体现。于是,我们接纳了根儿内向的性格,并将此看成是根儿的特质,而不是"缺陷"。或许,这样的特质刚好与上天赋予他的使命契合,根儿的使命到底是什么我们不得而知,因此也就顺其自然罢了。当我们不再期望根儿完美,真心地接纳他时,我们的心就卸掉了重负。

深国交良好的人际环境让根儿的人际关系能力得到了发展。在这所学校里,班级同学和睦相处,没有了传统学校中"一分压倒上千人"的恶性竞争。学生所学科目有自选和必选，自选学科的不同，决定了每个孩子的学业成绩不存在垂直竞争关系，每个孩子的成绩只影响到自己的大学申请，而与其他学生没有关系。

周同学与根儿同宿舍，是根儿到深国交后认识的第一位同学。深国交第二年，根儿16岁。那一年，我从北京带回了地道的草原牛肉干，根儿非常喜欢，舍不得吃，然而我却看到他把牛肉干装进书包带到学校。根儿当时在矫正牙齿，吃东西都是在家里，吃完后要刷牙，才能够外出，他怎么会带牛肉干去学校吃呢？我继续观察他，有一天，我发现他往书包里先装了四个牛肉干，然后又拿出来两个来，带去两个。后来我问他为什么要带牛肉干去学校吃。他告诉我这是带给好朋友周同学吃的。看到这一幕，我感慨万千，我知道他的这个行为是4岁孩子经营自己友情的行为。也就是说，根儿16岁主动交友的模式相当于4岁幼儿！根儿经营友情的能力发展起步太晚太晚，我们等得太久太久，但我仍然为此激动不已！后来，我让朋友给我寄了几大包这样的牛肉干，让根儿尽情使用。

在幼儿时期，儿童会以物质的方式开始学习经营友情；随着孩子能力的发展，逐渐过渡到以情感来经营友情。这是人类经营友情能力发展的规律。每一学期的期末考试都给学生留出了自由的复习时间，大部分学生都会回家复习，学校几乎见不到学生。根儿的好朋友周同学因为不能够忍受妈妈的唠叨，便从家里跑回学校。根儿知道后去学校陪伴他，给周同学带去了很多好吃的东西和笔记本电脑。根儿告诉我："学校里只有他一个人，很孤单，我去陪他，有了电脑他可以玩游戏，放松一下，对他的心情有好处。"根儿开始学会体谅他人，已经懂得了用情感来经营和巩固友情，这是他社交能力发展的跨越。

根儿与这位周同学成了好朋友，让根儿在经营友情中获得了成功的经验，获得了交友的安全感和成就感。于是，他开始学习与一群人经营友情，这正是青春期孩子心理发展的需要。青春期的根儿需要获得他人的认同，需要被群体接纳和欣赏。于是，他会每天晚上做好面包，第二天早上带给那些早上来不及吃早餐的同学。在他对厨艺兴趣盎然的日子里，邀请同学来家里品尝他的手艺。

孩子们的生日聚会

刚入校时，班主任刘老师是一个小伙子，经常带着同学搞活动：聚餐、K歌、玩扑克、爬山……增加了同学间的相互了解，孩子们之间的关系如兄弟姐妹一般。每一个孩子过生日都会邀约全班同学一起，吃喝玩乐一番。每个人在宣布自己生日聚会的时候，会把消费制度一起宣布："今天是我的生日，如果愿意参加就到××餐厅，我请客哈！"或者："今天是我的生日，如果愿意参加就到××餐厅，AA制哈！"孩子们会根据自己的情况决定去还是不去，一般到场的会有一半以上的同学。对于过生日的孩子来说，不会计较谁来谁不来。每次参加同学的生日聚会，我会提醒根儿送一个小小的礼物给"寿星"，希望他能够明白过生日不只是吃喝玩乐，更重要的是情感交流。如此宽松的人际关系让孩子们更愿意自发地组织聚会，有的孩子还会主动邀请同学到自己的家里玩，一起到图书馆、少年宫或游戏场，他们的娱乐方式都很健康。

一天，根儿回家告诉我，同学约着一起吃火锅，他正在犹豫到底去还是不去。这是他来深圳一年半后，第一次有了参加同学聚餐的想法。我和孟爸终于等到机会了，立即鼓励他去参加同学聚餐。根儿犹豫地说："吃火锅比较贵，我们是AA制，每人要出近百元。本身我不喜欢吃火锅，我觉得有些不划算。"孟爸立即说："儿子，没关系，爸爸给你二百元，你就不要为钱担心了！"根儿参加了这次同学聚会。我和孟爸兴奋地感叹着奇迹出现了，根儿的社交终于开始了！此后，根儿常常在周末与几个兴趣相投的同学邀约一起去打台球，这是他最喜欢的运动。每次消费后，同学间都以AA制结算，这样的方式已经成为深国交的传统。

在根儿班级里，每个同学满18岁生日时，都会邀请全班同学加入生日聚会。根儿也不例外，在他18岁生日到来之际，他也开始忙着张罗自己的18岁生日聚会了。从选餐厅、发邀请函到定制蛋糕，根儿完全自己操作。尽管我们决定给他提供足够的资金，他还是选择了将生日聚会的花费控制在三千元左右。因为孩子们的传统，我和孟爸都没有参加根儿的18岁生日聚会，不免有一些遗憾。但只要孩子们玩得开心，也了却了我们的心愿。从愿意接受同学的邀请，到根儿主动经营自己的人际关系，这是一个从量变到质变的过程。

第一次邀请客人品尝手艺

在深圳租住的房子里，根儿第一次用亲手做的西餐款待了第一批客人——4岁的珊珊和珊妈。

一天，珊妈给我来电话，想带珊珊来看根儿烤比萨饼。正好根儿计划周五要做比萨，便答应了珊妈。根儿知道周五有客人来吃比萨后，非常重视，改变了原来只做比萨的计划，他决定要用正规的西餐来款待珊珊和珊妈。

根儿认真理出了菜单：第一道前菜是美味大海虾，每人两只；第二道是海鲜比萨饼；第三道是水果馥兰焙。根儿到超市购买了进口的比萨专用芝士和番茄酱，我负责购买一般食材。周五放学后，根儿立即回到家里，亲自处理每一种食材，他担心我切出来的食材不符合他的审美，不让我插手。珊珊喜欢观看根儿每一道菜的制作过程，但在看到制作馥兰焙时，白兰地酒在锅里燃起的蓝色火苗，吓得她躲到了客厅阳台上。

晚餐开始了，根儿提议点上蜡烛。珊妈感叹："我们好久没有吃过烛光晚餐了啊！"有了烛光的晚餐变得温馨而美好。珊珊喜欢根儿的厨艺，特别喜欢吃馥兰焙中的草莓，吃完了自己那份馥兰焙后，还将珊妈盘子里的草莓也吃光了。客人们离开后，根儿舒展着自己的笑容说："我看到珊珊吃得很高兴！""是啊，你的美食真的是太诱人了，把4岁女孩也迷倒了啊！"根儿对这一餐的良苦用心，让我感受到了他的真诚。真诚是发展良好人际关系的核心。

根儿在家里开的模拟私房菜馆

请珊珊来家里吃比萨饼开启了根儿在家里请客的兴趣。一天，从不主动邀请同学来家里的根儿，突然提出要分批分期请同学到家里来吃西餐。他决定在家里模拟一个私房菜馆，自己来做大厨。如此积极主动的人际交往行为首次发生在根儿身上，令我们吃惊，感觉奇迹发生了一般，我激动地一口答应"可以"！于是，我们到超市购买了更多的厨具，还专门配备了四套漂亮的餐具，吃甜点专用的漂亮玻璃杯和小勺小叉也准备了四套，让私房菜馆能够满足四人同时用餐的条件。

根儿邀请的第一批客人是涵涵和涵妈，他亲自打电话邀请她们母女周五到家里吃晚餐。涵涵与根儿是同学，我们同住一个小区，相隔只有一个单元。我与涵妈都是离家陪读的妈妈，共同的话题和价值观让我们成了好朋友。

为了让客人满意，根儿从周一就开始忙碌起来。先制定菜单，有汤、主菜和甜点，然后准备食材。接下来，根儿每天下午放学回家，就试做菜单上每一样菜，请我品尝后提出意见。如果他对试做的菜不满意，立即上电脑去看世界名厨戈登拉姆齐的做法，然后找出自己的问题所在，再次试做。为此，他多次到超市购买需要的食材和配料。为了做出红花海鲜饭，我们到了几个大超市购买红花，最后在药店里才买到。

终于等到了周五，根儿把需要购买的新鲜食材名单交给我，一大早我便拉着小车到市场采买。下午3点半放学后，根儿立刻赶回家里开始忙乎，从洗菜到做出美食端上餐桌，每一道工序他都亲力亲为，不让别人插手。他非常注重每一道工序中的每一个细节，比如切菜的刀法和菜品的形状。有时我一插手就会帮倒忙，比如在搅拌芝士的时候。在根儿搅拌的基础上，我逆向搅拌了几下，芝士的性状就改变了：本来准备用来做蛋糕的芝士，只能用来冻成冰激凌了。

根儿的私房菜馆第一次开张，这是具有纪念意义的一天。为此，我准备了彩色的气球挂在了餐厅里，还用彩色笔写了今晚的菜单贴在餐厅墙上，让私家菜馆的开张喜庆点儿。6点钟，涵涵和涵妈带着饮料来到了家里，看着五彩的气球和我写的菜谱，涵涵说："很有气氛啊！"本来想给餐厅照一张人气照，可是涵涵和根儿都不愿意进入镜头，最后很遗憾只有菜的照片，没有我们用餐的照片。

根儿做的海鲜汤、红花海鲜饭和焦糖花生芝士蛋糕非常美味。海鲜汤和红花海鲜饭都是用西式高汤做成的。西式高汤与中式的不同，是用各种蔬菜熬制一小时以上而成。那天晚上是亚运会开幕式，我们四人围坐在客厅里，看着亚运会开幕式，吃着美味的焦糖花生芝士蛋糕。根儿与我们分享着他做蛋糕的经验，内心充满了成就感，喜悦一直挂在他的脸上。

后来，我去北京出差，根儿再次主动邀请涵涵和涵妈到家里来分享他的厨艺，涵妈给我打电话："他要去买材料做西餐，这些事情做起来很麻烦，你又不在家，就让他取消这次邀请吧！"我告诉涵妈："做这些事情他并不觉得麻烦，而是在享受这个过程，你和涵涵就成全他吧！"我知道根儿一定是厨艺兴趣高涨，才会在我出差的时间请她们来家里吃饭。回到深圳，涵妈给我讲了他们的聚餐情形："根屹先到超市买了食材，然后再到菜市场补充食材，回家后不要我们帮忙，完全自己做，累坏了！""你们来吃饭他很快乐，厨艺有了用武之地，这得感谢你和涵涵啊！"涵妈说根儿埋头做事，也不多说话，我理解此时的根儿还不能够娴熟地运用"饭局"来交际。比如，看着锅里冒出的火焰，涵涵问："这水果馥兰焙容易做吗？"根儿只是简单地回答："很难做的。"在涵涵赞叹馥兰焙的美味时,根儿也简单地说:"馥兰焙做起来也不难!"然后就没有了下文。他不能够借着涵涵的问话,把馥兰焙的过程讲解一下,这样也可以延伸出更多的话题,让吃饭的氛围不冷场。根儿表达真诚的方式就是用心做出美食,让对方来品尝。

我回到深圳后,根儿连续两周共请了六位同学来家里分享美食。据说很多同学排队等着他的邀请。因为要准备国际考试,根儿实在忙不过来,也只有这六位同学大饱了口福。考试过后,根儿请客的热情消失了。

厨艺成为根儿交友的重要媒介,传递着他对同学和朋友的情谊。做面包带给来不及吃早餐的同学;在同学的生日派对上,送上自己亲手做的面包或者小饼;回到昆明与老朋友小凡见面时,他会亲手烤制两个法式面包,作为见面礼送给小凡。在剑桥大学里,根儿与同宿舍的意大利同学成为好朋友,圣诞节过后,意大利同学送给了根儿一块意大利最好的奶酪,根儿用这块奶酪烤制了一个奶酪蛋糕送给他……

参加剑桥大学里的"非诚勿扰"

2013年的3月春假,是根儿来到剑桥大学后的第二个假期。他没有回家,决定留在剑桥。在这个假期里,剑桥的中国学生模仿着江苏卫视的"非诚勿扰"节目,举办了剑桥版的"非诚勿扰"。当根儿告诉我他报名参加了同学组织的非诚勿扰节目时,我非常吃惊,一向不喜欢参加活动的根儿居然报名这样的"相亲"活动,我笑了:"哈哈,你居然也报名参加相亲节目啊!"

记得他还没有去英国时,每周我会看江苏卫视的"非诚勿扰"节目,有时候根儿会与我一起看,我们会讨论一些嘉宾在成长中带来的人格问题,这是我喜欢看这个节目的原因。有一次,我与根儿看"非诚勿扰"时,正好看到一个从国外留学回来的男嘉宾,他的嘴里动辄就冒出"红楼梦",我们称他为"红楼梦男"。"红楼梦男"说自己学业成绩很好，懂得很多艺术。当主持人孟非让他谈一下米开朗琪罗的雕塑时，他只有一句话"这个比不上《红楼梦》"，这句话成为他评价任何艺术作品的语言。我与根儿被这个"红楼梦男"逗得哈哈大笑。当他遗憾离场之后，根儿总结性发言："一个最傻的人就是自己不知道自己傻！"

有时候，我们会与根儿谈到他未来找女朋友的话题。孟爸有一次说："要不你以后也报名参加非诚勿扰？"根儿回应："我一站上去，24盏灯立即就被灭掉了，因为我长得不高大英俊。我如果参加，还要带上小虎虎一起上台。"我笑着说："如果不带虎虎有可能牵手成功，如果带上虎虎肯定就被灭完了！"我总感觉到根儿对找女朋友没有多大的信心。

在与根儿视频聊天的时候，我问根儿："怎么想到会报名参加这个活动？你不担心被灭灯吗？"根儿也笑了："嘿嘿，主要是我看上了奖品，如果牵手成功，可以获得一家三星级米其林餐厅的一顿免费美食，我就可以去吃大餐了。我主要是冲着这餐美食报名的。"在我们聊天之后的两周里，因为他太忙，没有与根儿交流他参加活动时候的细节。

直到活动结束，根儿才与我视频聊天。我第一句话就问："牵手成功了吗？""当然成功了，不过这不等于我与女孩开始谈恋爱。这只是一次活动，大家闹着玩的，不当真。"根儿讲述了具体的细节："到我上场的时候，我给每个女嘉宾都送上了一个我亲自做的小甜点，但是，十个女嘉宾还是有九个灭灯了，剩下了一个女孩没有灭灯，女孩说她也喜欢做厨艺，想再多了解我一些。最后，我们牵手成功了。可惜啊，妈妈，奖品变成了希尔顿酒店的下午茶，价值60英镑。米其林三星餐厅的奖品取消了，只有希尔顿的下午茶，太遗憾了！"

我兴奋地听他讲，然后看他给我传来的照片，看着根儿的着装非常正式，也看到了他眼神里的坚定和自信。在台上，他的手里还拿着一杯甜品和两把小勺，这是为牵手成功的女孩准备的。在另外一张照片上，我看到这个与根儿牵手的女孩，她是华裔，在英国长大，个子比根儿还高。在他们牵手成功之后，两人在台上以交杯的方式，共享根儿亲手做的甜点。

　　正如根儿所说，这不是真的相亲，只是一个活动，闹着玩的。但是，我还是很激动，这次活动对根儿恋爱自信心的成长是至关重要的。他看到并坚信了自己的魅力，也相信了女孩们喜欢一个男孩不仅仅是看男孩的身高。

厨艺与根儿社会活动能力的发展

万圣节大厨师

深国交每年都会在万圣节举办活动,这是孩子们快乐和富有创意的节日。节日的每一个环节都由学生们自己来设计和开展,每个社团需要拿出自己的活动计划,然后向学校申请活动经费,接下来就是在活动上展示自己的才气和创意了。

根儿来到这所学校已经是第三年了,这三年中学校举办了多种多样的活动:时装表演、歌唱大赛、达人大赛、英文电影配音、环保宣传……"没有意思,无聊!"这些活动没有激起根儿的热情,我和孟爸认为他就像化学元素周期表中的惰性元素,难以被激活。然而,2011年的国庆节,央视在一个连续9天的节目中介绍了英国厨神戈登拉姆齐,根儿第一次拥有了自己的偶像,这让根儿激情四溢。紧接着,学校的万圣节活动开始筹备,他决定在万圣节举办他的厨艺展示!

根儿很快就写出了活动计划上交到活动筹备小组,计划中列出了活动需要的经费,并向筹备小组提出了经费申请。由于以前没有学生在学校万圣节举办过厨艺展示,所以,筹备组在分配学校划拨的6 000元活动经费时,没有包括厨艺展示的经费。如果根儿坚持要举办厨艺展示,只有自己单独向学校申请经费。根儿认为学校已经拨款6 000元活动费用,不会专门为他的厨艺拨款了。

看着他一脸的沮丧，我鼓励根儿："你可以找到负责拨款的老师，告诉他你的想法。试一试吧，如果老师实在不批准了，爸爸妈妈给你拨款，你拿个计划给我，看看需要多少钱。"根儿心里很纠结，他认为我们家境并不富裕，不忍心自己出钱做活动："妈妈，拿我们自己家里的钱来做活动，这太不划算了！"我说："你的快乐和举办这次活动的机会是不可以用钱来计算的啊！展示厨艺的机会可是用钱都买不到的，你这么想做成这次活动，我们肯定支持你！"根儿决定先找学校申请。第二天他找到负责拨款的郑主任，郑主任让他先拿个计划，然后才决定是否批准为他划拨专项资金。

申请资金的计划要求非常详细具体。根儿因为是第一次做计划，很不在行，一边做一边抱怨："既然打算给我钱，干吗还要有计划？我买了东西再回来报账不就行了吗！"我告诉他："任何项目都要先报计划，让负责人了解你的意图和操作过程，否则他凭什么支持你呢？"

第一次的计划没有被批准，郑主任要求根儿把计划写得更加详细，详细到每一瓶调料和每一个厨具的具体价格，而且要用全英文写计划。根儿列出了需要购买的食材、调料和厨具，每天放学后就坐地铁到超市记录这些物品的价格。为了争取计划获得批准，他货比三家，既要保证物品的质量，又要花钱少。终于确定了2 000元的资金计划，但是，根儿没有立即上报，在经过一天的思考后，他把经费调整到了1 800元，然后怀着忐忑不安的心情上交了计划。我告诉他："一般计划会被砍掉一部分钱，比如你报1 800元，老师可能会砍掉200元。如果被砍掉后钱不够，妈妈给你补上，你不要着急啊！"

当天下午，根儿回家后第一句话就是："妈妈，计划批准了！"看着根儿眼睛里洋溢的快乐与自信，我问："老师全额拨款了？没有被砍？老师怎么就批准了呢？"根儿笑着告诉我："我打听了一下，我们主任比较喜欢外教，负责厨艺社团的老师是外教，我向外教老师求助，他和我一起去找到了主任，主任就批准了！"我激动万分。在深国交的文化中浸泡了三年，根儿从主动与老师打招呼，到这一次主动寻求老师的帮助，体验到了人际间的信任与互助会给自己带来成功，这是他获得社会安全感的基础。更重要的是，郑主任和外教老师的做法让根儿学习到了如何帮助他人，这些正是根儿成长中不可缺少的重要部分。这是万圣节活动过程中的意外收获，我深知这次收获对他一生的意义有多么重大！

　　申请到资金后，根儿开始按照计划添置厨具、食材和调料，他到几家超市里考察同样物品的价格，每到一个超市都会拿出本子做记录。他发现同样的商品在不同的超市价格有差异，有些差异还比较大，这对他购买时的选择提供了帮助。这次活动是厨艺社团的活动，根儿还不具备组织社团的同学一起来进行这些准备工作的能力，他单打独斗，我只好担任了他的搬运工，和他一起把购买的物品搬回家里放置。

　　下一步工作就是制定菜谱。根儿计划在万圣节展示的菜谱有：意大利菜汤、鸡蛋黄油煎饼、蔬菜沙拉和普罗旺斯炖菜。他对前三个菜信心十足，只有普罗旺斯炖菜需要反复推敲。于是，他在网上视频中反复观看戈登拉姆齐做普罗旺斯炖菜的方法；在电影《料理鼠王》中反复观察这道菜的配料；每天放学后到超市采购食材，晚上在家里练习，要求达到色泽鲜艳味道鲜美的标准。第一次做出来的普罗旺斯炖菜，样式很好看，但味道不满意，根儿气得不吃晚饭。我提醒他："没有做一次就成功的厨师！戈登拉姆齐在做新菜的时候，也会有多次失败的。"根儿的普罗旺斯炖菜还没有研制成功，我就到北京讲课去了。在北京的十天中，他每天都将试验结果用电话与我分享，最后，他的普罗旺斯炖菜终于实验成功，色香味俱美！

　　2011年11月1日是学校万圣节晚会，遗憾的是我当时正在北京，没能与根儿共同度过这个万圣节成了我的憾事，我没有亲眼见证根儿划时代的时刻。幸运的是涵妈一直陪伴他，从这一天中午开始买菜，运送厨具，晚上7点半开始营业直到夜里11点收工，涵妈全程关注着他。根儿第一次组织这样的活动，缺乏经验的他在很多事情上都自己动手，手忙脚乱一通后，开始意识到需要团队合作。涵妈带着腰伤帮助他组织起厨艺社的同学，大家分工协作，一些同学负责收钱，一些同学做根儿的助手。根儿主要负责做意大利菜汤、蔬菜沙拉和普罗旺斯炖菜，涵妈成了烙煎饼的主力……在活动结束的时候，根儿终于像一个领导人了，拍拍手掌让同伴们集合，还鼓励同伴们："我们今天做得很好，比我们演练的时候好了很多，大家继续努力！"

那天晚上的活动结束后，根儿立即给我打电话，兴奋地告诉我："妈妈，校长来我的摊位喝了两碗意大利菜汤。还有四个外教买了我的鸡蛋黄油煎饼，他们说我做的味道太地道了，非常专业！"话语中透着兴奋、自豪和幸福，他获得了满满的成就感！根儿在学业上获得了很多奖项，从来没有像今天这样兴奋、自豪过，他觉得作为"厨艺大师"才是值得骄傲和自豪的！

厨艺社团的所有工作都由孩子们自己负责，根儿有时希望社团的老师主动帮他一把，可以把活动做得更好一些。我告诉根儿："老师不插手是给你机会，现在你就是这次活动的总指挥，可以按照你的意志来做，没有谁来控制你了，甩开膀子干吧！"有教育智慧的老师不会剥夺孩子成长的机会，让孩子自己承担活动的成败，独立体验活动的全部过程，这就是老师放手的良苦用心！

万圣节结束后，第二天我接到了根儿打来的电话："妈妈，亏本了，只卖了450元钱。我要把亏掉的钱还给学校，一共亏了1 350元，怎么办啊！"他陷入沮丧的情绪中。原来，学校的拨款是"借"给孩子们的，每个项目组都要在活动后想办法归还学校拨款，也就是说孩子们的活动必须要保本。我告诉根儿："不要担心钱的问题，这次活动开张了就是成功，亏掉的钱我们帮你补上，总结经验才是最重要的！"孟爸因为根儿在这次活动中的成长无比激动，他感慨道："根儿这次机会太重要了，他能够做成这次活动比什么都重要！"根儿获得了极大的精神支持。我们希望他明白，无论他实现梦想的时候遭遇多大的"失败"，只要他朝着梦想飞，父母永远都会支持他！

我从北京回来后，根儿和我谈到了他想在学校卖晚餐的计划：利用学校每个周二的厨艺社团活动，在校园里卖他做的晚餐，每次计划卖10份，每周做不同的菜式。他很想在学校继续展示他的厨艺。我告诉他:"这得经过学校批准,你可以与主任商量,用卖晚餐赚来的钱赔款如何?""妈妈,在学校卖晚餐不能卖得太贵了。""利润低一点没有关系,但原则是不可以赔本。"我希望根儿明白投资要讲究盈利,不能够只凭兴趣不管成本。对于孩子想做的事情,我们首先是支持,然后告诉他这件事情的规则和底线。后来,根儿卖晚餐的计划被学校否决了。

活动结束后的第三周,根儿决定直接把赔款交给郑主任;但是,郑主任没有收下这笔钱,他让根儿详细地列出所购买的物品清单,然后清点用掉了的物品和剩余的物品,将这些全部列表整理。根儿辛苦了三个晚上才完成整理工作,虽然他觉得很麻烦,但还是安静地做了。根据这些列表,根儿很快就发现了亏损的原因:"妈妈,我这次做活动时没有计算成本,现在我才知道一个煎饼的成本是7.5元,但我卖出的价格是5元。还有,我准备的东西太多,根本不可能卖完,浪费了很多,所以亏本了。"

郑主任没有对根儿进行任何说教,只是让他做了该做的事情:理清账目和物品。然而,这个过程对于根儿来说却意义重大,他开始懂得了用钱需要负责任,开始知道了"生意"有成本,开始明白了财务制度。这就是一个智慧的教育者帮助孩子的方式。智慧的教育一定是让孩子通过一个过程,获得感悟和知识,与那种动辄就对学生讲一通大道理的教育方式相比,根儿享受到的教育方式是如此"高级"!后来,我在学校里见到了郑主任,他告诉我:"这笔钱本身就是用来给学生做活动的,目的是让学生在活动中学习到一些东西,获得成长的机会,只要根屹有收获就好,不必赔款了!"听到郑主任的话,我的感动无法用言语来表达。

慈善义卖小煎饼

万圣节后的一个月便是深国交一年一度的慈善拍卖和义卖活动,活动中所赚的钱都将捐献给红十字基金会，活动由学生自己主持。虽然在万圣节亏了钱，但根儿热情不减，还是决定参加这次活动。

总结了万圣节活动的经验后，根儿这次制定了更加可靠的计划：第一，菜品不能够太多，这样会忙不过来，所以，这次活动只上一个菜品：黄油鸡蛋煎饼配蓝莓酱水果；第二，计算成本与售价，每份成本大致为15元，售价20元；第三，限量制作，数量控制在40～50份，这样可以控制总成本。这次活动学校不提供资金支持，我提供500元作为借款给根儿。

2011年12月3日下午3点后，学生们都放学了，他们来到操场上为活动进行准备工作。负责活动的学生们在准备音响，布置现场，申请了义卖摊位的学生们在各自的摊位前忙碌着。我每走到一个摊位，摊主都会热情地招呼我："老师，看看我们的，我们获得的利润会捐献给红十字会！"学生的摊位前，有卖毛绒玩具的，有卖学习用具的，一些学生直接向寿司店和比萨店订购现货，让店员把寿司和比萨饼直接送到学校，然后转手卖给需要的学生……根儿是唯一现场制作和销售食品的学生。

我远远地关注着根儿的摊位。活动是下午4点开始的，他忙碌地指挥着几个助手搬工具、洗切水果、打鸡蛋、调黄油、熬制蓝莓酱，两个男孩负责做煎饼，煎饼做好后放到小碗里，最后由根儿装饰后卖出。一个红衣女孩主动承担了推销和收费的工作，在社团同学忙碌的过程中，不停地有学生过来问根儿："需要帮忙吗？"这次的组织工作显然比万圣节有了进步。

煎饼还没有出炉，已经有学生在摊位前等候了。他们说万圣节吃过煎饼，很好吃。活动开始后，来买煎饼的孩子多了起来，生意火爆，孩子们忙得不亦乐乎。每卖出一个煎饼，都让他们感到欢喜。红衣女孩拿着刚出锅的煎饼四处推销，希望能够多卖一份。每当有顾客觉得太贵时，根儿会真诚地告诉顾客："我们的利润将全部捐献给红十字会！"顾客便心甘情愿地掏钱了。

6点后，同学们的肚子都被各种食物填饱了，摊位冷清了下来。根儿继续做着煎饼,他想把最后剩余不多的食材用完。每当有一个新煎饼出炉,他就端着煎饼向同学推销,此时的他与平日里寡言的根儿判若两人。在活动快要结束时,根儿把剩下的7个煎饼送给了工作人员,这一幕让我非常感动!

活动在7点半结束,根儿清点了收到的钱款,一共有600元。除去成本500元后,利润有90元(有一个煎饼只卖了10元)。根儿满脸兴奋:"妈妈,我今天挣钱了!有了利润!"他拿出500元递到我手里,然后走到捐款处捐出了全部利润,这是他第一次用自己挣来的钱捐赠!

成立厨艺社团

通过万圣节和慈善义卖活动,根儿打算在学校里成立厨艺社团,这个计划最终得以实现。根儿成为厨艺社团负责人后,小厨房被用来做厨艺社团的实习基地,根儿带着社团的十几个同学每周开展活动。社团的孩子们在这里学习煮饭、洗菜、切菜、做菜。每次活动前,根儿会做一个活动计划,购买活动的材料,兴致勃勃。有时候,他会与我分享一些社团活动中的感受,让我记忆深刻的是他对女生们不会做饭发出的感叹:"妈妈,我们社团的女生连洗白菜都不会,更不要说做出好吃的饭菜了,她们以后怎么做饭给自己的孩子吃呢?她们以后要当妈妈的呀,什么都不会做,怎么办啊?!"我说:"你要教她们怎么洗菜啊!""我从怎么洗菜,到怎么切菜,到怎么炒菜,这些基本的都教给她们了,好像她们总也学不会啊!她们不像你,你什么都会做。""可能等他们做了母亲,开始养孩子了,为了自己的孩子,她们会学习做很多家务的。以前我也不会做,因为养育你,我开始学习做饭的。"

在剑桥大学耶稣学院,根儿的宿舍是一幢古老的建筑,宿舍楼里也有这样的一个小厨房,供学生们自助煮饭用。这个小厨房没有人使用,根儿在第一次使用时,也是花费了几个小时打扫卫生,然后到超市购置了一些厨具。

第一个圣诞节假期，根儿没有回家，在这个小厨房里每天做一款美食，享受着剑桥的生活。在剑桥大学四年的生活中，根儿每年只有暑假回国，圣诞节和春假里，根儿都在厨房里做美食。读书和美食伴随着他，让他感受到了生活的幸福。

厨艺带给根儿的梦想

去日本品尝美食

因为喜欢美食,根儿从小就喜欢品尝异国风味的食品。记得在成都的春熙路有一家中国人开的日本回转寿司餐厅,根儿很喜欢日本菜的精致和美丽,特别喜欢坐在回转寿司的转台前,看着一盘盘色泽漂亮的寿司在面前转过。他对每一种食物都会静心品尝,慢慢享用,这个过程对他来说是非常享受的。

根儿上四年级的时候,一天,我们到书店转悠,根儿拿着一张日语培训宣传单给我,让我按照宣传单上的电话和地址给他报名,他要参加日语培训。我问他宣传单是怎么来的,他从书架上拿出一本日语书,根儿在翻看这本日语书时,发现了书里夹着的宣传单。看来,他已经对日语产生了兴趣。我问他为什么要学习日语,他认真地回答我:"将来我要去日本吃寿司,所以要学习日语。"看到他那股认真劲儿,我忍住没有笑出来。

我打电话联系了日语培训班。此后,根儿开始每周六和周日上午的日语培训,每天上午上课时间为8—12点,整整4个小时的时间,根儿没有觉得不适应。因为没有儿童日语班,根儿所在班级全部是成人,只有他一个人是小学生。在上课一个月后,我向老师了解根儿的学习情况,老师说他的语言模仿能力很强。因为内容针对成人,语法方面根儿感觉吃力。我没有给根儿太多的要求,他喜欢学习日语就满足他的愿望,只当他多了解一个民族的语言和文化。

根儿突然出现的日语激情令我们出乎意料。一天，语文陈老师找到我："我在给同学复习即将进行期中考试的内容，根屹却在看日语！他真是淡定啊！"我急忙对老师说抱歉，然后把根儿近期对日语疯狂的情况告诉了陈老师，陈老师表示了理解。

参加日语班两个月后，非典型肺炎开始从中国广东向全国各地蔓延。这场著名的"非典"，让成都所有的周末培训班全部停课。几个月后，当日语班复课后，根儿不愿意再去了，他觉得日语语法学习很吃力，等长大了，如果需要日语再去学习。我们觉得他的意见有道理，同意了他放弃日语学习。我有些可惜所交的费用，孟爸告诉我："根儿虽然放弃了，但是对他来说，或许播下了一颗文化种子。这颗种子什么时候再次发芽开花，我们谁也不知道。即使将来他不再学日语，这两个月的经历对他也是有作用的，他起码尝试了自己想做的事情，这就值得了！"有些时候，孟爸看待问题的角度总能够帮助我走出困惑。

十多年过去了，根儿对日本的美食依然向往，去日本旅游的计划一直没有实现。2016年下半年，根儿剑桥毕业后回到深圳，因为操心申请博士的事情，去日本的计划再次搁浅。或许，根儿是想等到自己内心非常舒适的时候，带着这份舒适，去品尝日本的美食，把这份享受在内心里装得满满的。

根儿高中时的英语水平已经可以帮助他在网上了解各国的饮食文化，了解各国的厨艺大师和他们超凡的厨艺，观看他们工作的视频，学习和模仿他们的厨艺。这些大师们的审美、灵感、认真、享受工作等特质深深地影响了根儿的人生观和价值观。现在，根儿休闲时仍然会观看厨艺大师们工作的视频。

做米其林星级厨师

18岁的时候，根儿有了一个梦想："妈妈，将来我要成为中国第一个米其林星级厨师！如果我以后在剑桥大学学习和工作，我会在剑桥大学成立一个美食学院，我要在一座古堡里开一个餐厅，餐厅里有长条形的大桌子，每天有很多剑桥的大师来吃饭，我们一起讨论艺术、音乐、科学、哲学，我让他们教我他们懂得的东西，我来教给他们做美食和享受美食。有了这个美食学院，剑桥大学就超过牛津大学了，我会被选为剑桥美食学院名誉院长，我不能够做真正的院长，因为我开餐厅太忙了，我像迈克尔（戈登拉姆齐的徒弟）一样，天生就是有美食感觉的人！"根儿眼里充满着对未来的希望，说出了这番话！我忍着没有笑出来："嗯，这件事情你是可以实现的，可能需要十到二十年吧！"根儿认为不会用那么长的时间："戈登拉姆齐只有几年就成功了，我也会像他一样的！""如果你真的到了英国剑桥大学学习，但戈登拉姆齐看上了你，让你去餐厅工作，你要做出一个选择，是选择剑桥，还是选择戈登拉姆齐？"他没有犹豫："我选择戈登拉姆齐！"我打电话给孟爸说了根儿的选择，孟爸一阵大笑后说："能够放弃剑桥大学去做厨师，那不是一般人的境界，有这样的境界才能够成为大师啊！"

根儿在剑桥大学学习期间，开一个私家餐厅依然是他的梦想："以后我有稳定的收入后，我要开一家小餐厅，每天只做一桌菜。我还要买一座小山，自己养牛种菜，做最好的菜出来……"在临近毕业的最后两个月，根儿想开餐厅已经处于疯狂状态，这两个月是他完成硕士论文的时间，但他每天想的是如何设计自己的餐厅，如何设计自己的菜品，几乎每天晚上与我们视频，无休无止地描述他的梦想，而这个梦想却离现实非常遥远。

当我们听了他的梦想之后，我和孟爸表示了支持。同时我们也提出了问题，希望根儿认真思考，比如开餐厅的资金从何而来，管理经验和人员招聘等问题。我们认为，根儿在没有经验和资金的双重困难之下，无法实现开餐厅的梦想。但根儿固执地坚持，他毕业之后一定要开餐厅。我们不反驳他，只是告诉他："我们对你的支持仅仅只是为你提供住宿和吃饭，但我们无法提供资金给你开餐厅。如果你要开餐厅，你可以去找投资人，找合伙人。如果你成功了，你的餐厅梦想就可以慢慢变成现实；否则，只是空想。"

剑桥大学毕业后，根儿回到了深圳，他开餐厅的梦想遭遇了迷茫和无助，没有开餐厅的经验，也没有能力找到投资，慢慢地，他开始重新思考自己的未来。我们也在自己的能力范围内，找到一些朋友与根儿聊天，这些朋友都是有识之士，在各自的领域里有自己的建树。最后，根儿想明白了，餐厅和美食是自己的爱好，目前是要发展自己的专业能力，等条件成熟之后，再来实现餐厅的梦想。半年的时间里，根儿对自己的未来有了更加清晰的认识，现在，他更加坚定做自己的专业，偶尔，做一餐美食与家人分享，享受美食的快乐。餐厅之梦暂时放进内心的一角。

根儿9岁那年，在成都参观了刘达临先生的性文化展后，看到了儿童艾滋病患者的痛苦，他的梦想是将来成为研究治疗艾滋病药物的科学家；14岁那年，根儿的梦想是"我要做一个世界上最好的厨师，开一家自己的餐厅，让世界上所有国家的总统都来品尝我的厨艺"；18岁那年，根儿的梦想是做米其林星级厨师，开一家中国自己的米其林餐厅；现在，24岁的根儿希望自己能够成为一名科学家，等有了条件，开一家自己的小餐厅。未来，不知道根儿的梦想是否还会发生变化，无论怎样，有梦想的孩子就会有人生的方向，在实现梦想的生命旅途中，将不会缺少幸福的感觉。作为父母，我们的天职就是成全孩子的梦想，分享孩子的幸福，我们和孩子就可以拥有幸福美满的人生！

厨艺成为根儿调节生活的方式

我始终认为，学习不等于学业。孩子的生命中要学习的东西太多，学业（学校的课本和考试）仅仅是其中一个方面。无论是在成都还是在深圳，厨艺都是根儿放松自己的重要方式。特别是考试期间，繁重的学习任务和压力让他感觉太劳累的时候，他会说："妈妈，我今天太累，不想看书，我做面包吧！"于是，全身心投入烘焙中，学习的紧张情绪得到了完全的释放，并从中获得了轻松和愉悦的感受。即使在剑桥大学繁重的学习中，根儿也会将厨艺作为调剂生活的重要手段。厨艺已经成为根儿用来调节生活的方式，是他享受生活不可缺少的一部分，成为他生命的一种特有的情趣。

根儿在剑桥大学时，有一天，一位法国学生的妈妈从根儿的厨房路过，正好看到根儿在做意大利面。她惊叹："一个中国孩子怎么能够做出这样的美食？！"她非常希望为根儿拍一张照片，根儿很礼貌地配合她拍下了照片。

积极健康的情趣是一个人宣泄身体能量、保持身体内在平衡的重要方式，特别是对于青春期的孩子来说，他们需要更多的方式来宣泄身体的能量。健康的宣泄方式可以升华孩子的情操，让孩子在其中获得精神愉悦，比如舞蹈、艺术、读书、写作、厨艺……不健康的宣泄方式给孩子带来负面的人格影响，比如无节制地玩电脑游戏、性、抽烟、喝酒、打架、赌博……由于家庭文化的熏染，孩子宣泄能量的方式各有不同。积极正面的方式让孩子从自己热爱的事物中获得高贵的情感体验；一旦陷入负面的能量宣泄方式，孩子就会自惭形秽，形成低自尊人格，影响孩子生命的质量。

每个人都需要一种情趣来调节自己的生活节奏，这样的情趣应该是积极的，有利于身心健康，富有情调和美感，能够陶冶我们的性情，提升我们的生活和精神品质。如果孩子没有发展起来积极健康的情趣，可能就会沉迷于赌博、毒品、抽烟酗酒、滥交等不良嗜好中，对于缺少健康的情趣来调节生活压力的人，抑郁的发生概率更高。

父母不可以功利地对待孩子的兴趣

孩子的每一次文化敏感反应，我们都应视为孩子的一个兴趣触发点。随着孩子生命内在的探索激情，孩子的兴趣也在不断地变化。父母只有顺应孩子兴趣的发展和变化，才能够帮助孩子找到自己真正的兴趣所在。

一个朋友与我聊到了她12岁儿子的兴趣。

她告诉我："我在儿子还小的时候就培养他游泳和打网球，一直坚持到现在，我希望将来他申请美国大学的时候，这会成为他的特长。"

我问："游泳和网球是他自己喜欢吗？"

朋友："不是他的选择，是我帮他定下来的，这会让他的兴趣比较高雅。"

我："那孩子自己最喜欢做的事情是什么呢？"

朋友："他喜欢玩电脑游戏，没有什么其他爱好。"

我："孩子真正的兴趣应该是他发自内心喜欢的啊！如果说父母要培养兴趣，应该是以孩子喜欢的事情为前提，支持孩子无比热爱的爱好才叫培养。当然，如果只喜欢玩游戏，而不是研发和创造游戏，可能不算爱好吧？"

朋友："如果让他自己自由地选择爱做的事情，他今天喜欢做一样，明天又喜欢做另一样，这不浪费时间和钱吗？"

我："允许孩子有选择，才会让孩子发现自己真正的兴趣爱好啊！我

父母不可以功利地对待孩子的兴趣

的儿子小时候喜欢做很多事情：四驱车、飞机模型、厨艺、弹钢琴、国际象棋、读英语……每项爱好都保持了两年以上。他喜欢汽车的时候，说要到底特律造汽车；喜欢飞机的时候，说要到西雅图造飞机。他的梦想在不断地选择和变化，最后，他的厨艺保留了下来，这是他自己的选择。他非常喜欢厨艺，如痴如醉，我们从来也没有想到他的厨艺能够在他参加剑桥大学面试的时候派上用场。"

朋友："那如果孩子喜欢厨艺，他将来做厨师你不介意吗？"

我："他能够用自己的爱好养活自己，每天的工作都是自己爱做的事情，他是多么的快乐和幸福啊！我这一生都在寻求这样的生活方式。而且，高级厨师的收入不低的啊！"

朋友："嗯，如果做高级厨师也可以。但如果你儿子做一般餐厅的厨师，像我们现在正在吃的这家快餐店的厨师，你甘心吗？"我们当时在一家简陋的快餐店吃午餐。

我："那是孩子的生活，我是否甘心又能怎样？如果儿子喜欢厨艺，他就会认真钻研，还会创新，我们所要给予他在成长过程中精神品位的铺垫；如果他喜欢在这样的快餐店做厨师，我又有什么不甘心的呢？如果他不甘心在这样的快餐厅当厨师，他会想办法改变自己的处境。最重要的是他热爱厨艺并有能力选择自己想要的生活。"

朋友："如果我的儿子在这样的餐厅里当一个厨师，我会觉得很没有面子。"

我："你要面子，你自己去挣啊！凭什么要孩子去帮你挣面子呢？自己的面子自己挣，否则孩子太累！既要帮你挣面子，还要奔自己的前程。"我从未想过让儿子为我的脸贴金，所以，我努力工作，做好自己，为自己挣来面子。每个人都自己去挣面子，就没有人奴役孩子为父母挣面子了！

朋友为孩子选择"兴趣"，功利地对待孩子的兴趣选择，这就是朋友的问题所在。孩子根本不知道自己发自内心喜欢的到底是什么，从来没有机会选择过；孩子每一次的网球练习和游泳都背负上了将来作为爱好进军美国名校的重任。至今，孩子的网球和游泳也仅仅处在"会打，会游"的水平。

每一个孩子都会找到自己衷心热爱的兴趣。孩子可能喜欢厨艺、舞蹈、钢琴、绘画、书法、数学、物理、化学、科普、文学、诗歌、修理汽车、布艺、设计时装、建筑、游泳、滑冰、植物……孩子先天带来的兴趣是天造地设的。上天为每个孩子都设立了他立足社会的根本，让孩子能够用自己最喜欢的方式生活在这个世界上，为这个世界带来无限的丰富生活。

父母的天职就是要发现上天给孩子赋予了怎样的兴趣和热爱，并支持孩子将自己的喜爱发扬光大，帮助自己获得更好的生存空间，成为自己生活的高雅情趣。一些父母更喜欢孩子花时间和精力学习那些看得见的知识和技能，并通过这些看得见的知识来评判自己和他人的孩子，而不愿意顺应孩子的发展步伐，等待孩子内在建构的逐步成形。父母们醉心于拿孩子掌握的技能满足自己的虚荣心——"看，我的孩子比其他孩子更聪明更能干"。这种功利会完全破坏孩子在这个兴趣点上的探索激情，也会让孩子变得浮躁不安。比如，孩子对国际象棋感兴趣，父母就为孩子学习国际象棋立下目标——要夺得省级或者全国冠军。父母根本不关注孩子在国际象棋中获得的快乐、毅力、智慧、勇气，等等。孩子对钢琴感兴趣，就将钢琴考级作为了孩子学琴的唯一目标，完全忽略孩子对音乐文化的精神享受。父母的功利会将孩子的激情变成了一种不堪重负的压力，甚至让孩子担心如果达不到父母的要求就会失去父母的爱，这是孩子最害怕的。这样的父母完全破坏了孩子享受学习的快乐。

父母如何为孩子的天赋效力

当我们已经发现了孩子的兴趣所在,父母如何为孩子的天赋效力呢?在此,给父母几点建议:

第一,不为孩子的兴趣设限,父母要给予孩子尝试各种兴趣的机会。

第二,不要阻碍孩子的兴趣,做好安全防护的条件下,不要担心孩子弄脏衣服,弄脏房间。比如,孩子喜欢厨艺,父母担心孩子弄脏衣服,弄脏厨房或者受伤,给孩子制造种种阻力和压力,让孩子被迫放弃。父母应该传递给孩子的信息是:弄脏的厨房可以重新收拾干净,弄脏的衣服也可以洗干净。给孩子对兴趣的安全感,孩子的兴趣才能够得以保护。

第三,这个世界的丰富让孩子必然会挑战更新的领域,他们需要通过不断尝试各种事物来找到自己的真爱。如果孩子想放弃曾经的爱好,父母不要让孩子因为"浪费"了时间和金钱而受到责备,产生负疚感。父母要允许孩子放弃旧有的兴趣,支持孩子迎接新的挑战。

第四,不要把孩子的兴趣绑架在父母的功利心之上,这会使孩子的兴趣不堪重负。当兴趣变成了孩子的享受,就能够成就孩子的一生。根儿学习钢琴和厨艺的结果,让我深刻理解了这样的真理。根儿音乐的兴趣被我们捆绑上了功利,由此毁灭了他对音乐的热爱。我们让根儿对厨艺保持单纯的热爱,却成就了他的剑桥之梦。

第五,为孩子的兴趣尽力提供物质条件。在昆明、成都和深圳的家里,我们都会为根儿充分准备学习厨艺所需的道具和食材,每个家里都有几个大小不一的平底锅，并为他配备了一个专用的橱柜。

第六，让孩子的兴趣成为他生活的情趣。如今，国际象棋、游泳、斯诺克、厨艺等都成了根儿休闲的方式。积极健康的休闲方式让根儿的生活充满高雅的情趣。

第七，不要将孩子任何兴趣的发展寄托在兴趣班，父母的帮助才是最重要的。根儿从未上过厨艺班，但他会通过到餐厅吃饭、厨艺书籍、网站等各种渠道学习厨艺，让他对厨艺的研究更具有自主性。

一位母亲给我的来信中说："我家小朋友也对厨艺产生了兴趣，现在6岁，不知要怎么支持，自己不下厨，也没有这么小的厨艺班，困惑中。"孩子学习厨艺不需要到厨艺班，只要父母有心帮助孩子，家里做每一餐饭菜时，都是孩子的学习机会。妈妈既然已经发现了孩子对厨艺感兴趣，可以在与孩子一起做一些简单厨艺，比如烘焙、包饺子、简单炒菜等，既可以满足孩子的兴趣，也可以与孩子一起度过快乐的时光。

致　谢

　　感谢上天把根儿带给我和孟爸，他健康、善良、平和、诚实，懂得尊重他人，懂得为自己的梦想努力。我们为根儿感到骄傲！

　　感谢根儿带给我和孟爸重新成长的机会。没有根儿，我们不会发现自身的缺陷，也没有机会来修复自己的心灵创伤。根儿让我们的人格变得更加完善！

　　感谢我们自己，为了根儿的健康成长，我和孟爸没有放弃对生命价值的追寻，我们为自己和家庭的幸福一直在努力！

　　感谢我的父母，他们细心呵护年幼的根儿，理解根儿成长的需要，给予了根儿自由的发展空间！

　　感谢博友们对我博客的关注，你们的思想给予了我很多的启迪！

　　感谢深圳国际交流学院给予我们的国际教育视野，让根儿实现了去剑桥大学读书的梦想！

　　感谢栗伟先生为这套书起名《父母的天职》，您的智慧能够让我的思想感染更多的人！

　　感谢北京理工大学出版社的编辑朋友们，你们给予我的支持让我尽情地写作！